U »Tommy Mütze« im Unterricht

INHALTSANGABE

U.1

Doogal und Dumisani sind beste Freunde und unzertrennlich. Sie besuchen die Klasse 4SV der Colliery Primary School in einer südafrikanischen Industriestadt und sind für ihre lebhafte Art bekannt. Doch als mitten im Schuljahr ein neuer Schüler in ihre Klasse kommt, sind auch die beiden zum ersten Mal sprachlos: Der neue Schüler, Tommy, trägt eine Skimütze, die das gesamte Gesicht verdeckt. Nur die Augen sind zu sehen (S. 10).

Selbst beim Essen oder beim Fußballspielen nimmt »der Neue« die Mütze nicht ab. Die ganze Klasse platzt vor Neugier und fragt sich, was sich hinter der Mütze verbirgt und warum Tommy sie trägt. Besonders Doogal und Dumisani können sich auf nichts anderes mehr konzentrieren und versuchen, hinter Tommys Geheimnis zu kommen. Doch ihre Pläne gehen nicht auf, und Tommy schweigt sich über seine Gründe aus. Selbst Cherise, der Besserwisserin der Klasse, gelingt es nicht, Tommys Geheimnis zu lüften (S. 28/29). Aber sie gibt nicht auf und plant, Tommy bei den Schülerreferaten am Freitag zum Reden zu bringen (S. 38–41).

Aber dann kommt alles anders: Die Fieslinge aus der fünften Klasse fallen über Tommy her, verprügeln ihn und wollen ihm die Mütze vom Kopf ziehen. Die Jungen der Klasse 4SV versuchen gemeinsam, Tommy aus den Händen der brutalen Fünftklässler zu befreien. Doch sie haben keine Chance gegen die älteren Schüler. Nur das Einschreiten einer Lehrerin kann Schlimmeres verhindern (S. 47–50).

Tommy trägt nach dem Angriff noch seine Mütze, er wurde von den Fünftklässlern allerdings verletzt und blutet. Die Klasse 4SV beschließt, Tommy nicht länger zu bedrängen, sein Geheimnis zu verraten. Sie wollen Tommy hingegen zeigen, dass sie ihn mögen und zu ihm halten, und hecken für den nächsten Tag einen Plan aus (S. 53–55).

Die Klassenlehrerin Ms Venter ist am nächsten Morgen verblüfft: Alle Kinder der Klasse tragen eine Kopfbedeckung und sind fast gar nicht mehr zu erkennen! Tommy freut sich über die Solidaritätsbekundung seiner Mitschüler, und das wiederum freut die gesamte Klasse, die auch in der Pause ihre kreativen Kopfbedeckungen aufbehält (S. 59–63). Tommy erzählt Dumisani schließlich, warum er die Skimütze trägt, und bittet ihn darum, der Klasse bei den anstehenden Schülerreferaten zu erklären, warum er dies tut (S. 65/66).

Die Stunde der Schülerreferate beginnt, und die Schülerinnen und Schüler verfolgen begeistert den Vortrag ihrer Mitschülerin Mpho. Wegen ihrer Kopfbedeckung wissen sie aber zunächst gar nicht, wer das Mädchen ist (S. 69/70). Schließlich ist Dumisani an der Reihe, der nun Tommys Geheimnis lüftet: Da Tommys Vater nie eine feste Anstellung hatte, musste die Familie sehr oft umziehen, und Tommy war immer »der Neue« an der Schule, wurde angestarrt, und es wurde über ihn getuschelt. Als Tommys Familie nach Schottland zog, war es Winter, und Tommy trug daher eine Skimütze in der Schule. Mit der Mütze fühlte sich Tommy viel besser als sonst an neuen Schulen, er fühlte sich nicht mehr fremd und unsicher. Daher bat er den Rektor Mr Rasool, an der Colliery Primary School ebenfalls eine Mütze tragen zu dürfen (S. 74/75).

Die Schülerinnen und Schüler der 4SV können Tommys Grund, die Mütze zu tragen, sehr gut verstehen. Gleichzeitig scheinen sie aber auch ein wenig enttäuscht zu sein, dass die Erklärung so unspektakulär ist. Doch Dumisani, der ein begnadeter Redner ist, weiß, wie er die Klasse begeistern kann: Er fordert sein Publikum dazu auf, Tommy anzufeuern, seine Mütze abzunehmen. Denn nun sei er ja schließlich nicht mehr der Neue, sondern einer von ihnen. Die Klasse tobt, doch bevor Tommy sein Gesicht zeigt, nimmt Tommy den Jungen das Versprechen ab, auch ohne Mütze weiterhin mit ihnen Fußball spielen zu dürfen. Dieses Versprechen geben sie ihm gerne, denn er hat sich als sehr guter Fußballspieler erwiesen (S. 75/76).

Tommy zieht die Mütze aus. Die gesamte Klasse ist erstaunt und sprachlos: Tommy ist ein Mädchen! Etwas verlegen gesteht sie, dass sie mit vollem Namen Thomasina heißt. Dumisani, der Meister der Publikumsbegeisterung, beginnt, Thomasina anzufeuern, und die ganze Klasse stimmt mit ein (S. 76–78).

U.2 DIDAKTISCHES PROFIL DER ERZÄHLUNG

Die Erzählung »Tommy Mütze« bietet sich für den Einsatz im Deutschunterricht der Grundschule sowie der Sekundarstufe I an. Die Thematik und das Erzählkonzept motivieren junge Schüler/innen zum Lesen. Zugleich werden Leser/innen bei der Lektüre in ihrem literarischen Lernen gefördert.

In der Erzählung geht es um Themen wie »Neusein« und »Freundschaft und Zusammenhalt«. Schüler/innen kennen diese gut aus ihrem eigenen Erfahrungsumfeld und können sich mit dem Ich-Erzähler oder Tommy als »dem Neuen« in der Klasse identifizieren. Die Erzählung spielt überwiegend in einer Schule. Für junge Leser/innen wird damit ein vertrautes Umfeld aufgegriffen, sie kennen sich aus mit Streitereien von Mitschülern, Ermahnungen von Lehrern und langweiligem Unterricht. Dass der Handlungsort aber im fernen Südafrika liegt, dürfte für viele Schüler/innen etwas Neues bedeuten und somit zusätzlich Neugier wecken. Während der Lektüre wird deutlich, dass sich der südafrikanische Schulalltag vom deutschen unterscheidet. So tragen die Schüler/innen der Colliery Primary School zum Beispiel Schuluniformen, sie müssen sich vor Beginn des Unterrichts und nach der Pause aufstellen, um von ihrer Lehrerin zum Unterricht abgeholt zu werden, und einmal in der Woche hält der Rektor der Schule eine Ansprache und predigt seinen Schülern ethisches Verhalten.

In »Tommy Mütze« geht es auch um Themen, die junge Schüler/innen herausfordern werden, wie »Identität«, »Selbst- und Fremdwahrnehmung« und »Toleranz«. Gerade diese Mischung aus Vertrautheit und Fremdheit macht »Tommy Mütze« zu einer reizvollen Unterrichtslektüre.

Jenny Robson ist mit »Tommy Mütze« ein sehr humorvolles und fesselndes Buch gelungen. Von Beginn des Buchs an wird durch Tommys Geheimnis Spannung erzeugt. Die Leser rätseln gemeinsam mit dem Ich-Erzähler und den anderen Kindern aus der Klasse 4SV, warum Tommy die Mütze trägt. Die Autorin hält die Spannung bis zum Ende aufrecht. Die kurzen Kapitel erleichtern es ungeübten Leser/innen, der Handlung gut zu folgen. Allerdings stellen die ungewohnten Namen und die große Anzahl der Figuren eine Schwierigkeit für junge Leser/innen dar. Eine weitere Anforderung, die der Text an ein Verstehen der Schüler/innen stellt, ist, dass die Figuren fast ausschließlich als Stereotypen dargestellt werden, die durch ihren Alias-Namen charakterisiert werden. Den Leser/innen wird dadurch eine Identifizierung mit den meisten Figuren erschwert, und es bleibt den Lesern überlassen, den Alias-Namen und das Verhalten der Person zusammenzuführen und so ein plastisches Bild der Figuren entstehen zu lassen.

Wegen dieser herausfordernden Aspekte, der Thematik und des Alters der Hauptfiguren bietet sich ein Einsatz der Erzählung insbesondere in den Klassenstufen 4–6 an.

Es ist empfehlenswert, die Erzählung zum fächerübergreifenden Arbeiten zu nutzen. In »Tommy Mütze« wird die ethnische Vielfalt Südafrikas deutlich, ohne dass dieses Thema explizit angesprochen wird. Im Sachkunde-, Geschichts- oder Politikunterricht könnte dieser Aspekt aufgegriffen und die Geschichte Südafrikas näher behandelt werden. Dazu bietet es sich an, auch die Biografie der Autorin Jenny Robson heranzuziehen, die selbst zur Zeit der Apartheid aufwuchs. Auch im Englischunterricht könnte ein Fokus auf Südafrika gelegt werden. Es könnte thematisiert werden, welche Sprachen warum in Südafrika gesprochen werden und warum es so viele Sprachen gibt. Auch die Betrachtung von Wörtern aus dem südafrikanischen Englisch wäre denkbar.

Die Erzählung »Tommy Mütze« plädiert dafür, die Einzigartigkeit jedes Menschen zu respektieren und Vielfalt als Bereicherung anzuerkennen. Insbesondere im Ethik- oder Religionsunterricht könnten die Themen Identität und Toleranz vertieft werden. Es wäre denkbar, im Anschluss an die Lektüre mit den Schüler/innen ein fächerübergreifendes Projekt für Toleranz und gegen Diskriminierung zu starten.

Dimension des Textes	Das Vertraute: Möglichkeit zur Assimilation (Leseförderung)	Das Neue: Notwendigkeit zur Akkomodation (literarisches Lernen)
Wirklichkeitsbezug	▸ Kindliche Lebenswelt ▸ Schulalltag	▸ Kindheit in Südafrika ▸ Schulalltag in Südafrika ▸ Ethnische Vielfalt in Südafrika (nicht explizit thematisiert)
Thematik	▸ Neusein ▸ Rivalität zwischen Mädchen und Jungen ▸ Freundschaft ▸ Zusammenhalt	▸ Soziale Angst ▸ Selbst- und Fremdwahrnehmung ▸ Identität und Einzigartigkeit ▸ Toleranz
Figuren	▸ Identifikation mit Doogal und Tommy ▸ Schüler/innen und Lehrer/innen als Stereotypen	▸ Vielzahl der Figuren (werden oft nicht näher charakterisiert) ▸ Merkwürdiges Verhalten Tommys (Leser/innen erfahren Grund, warum Tommy die Mütze trägt, erst am Ende) ▸ Rektor: Position und Verhalten nicht kongruent ▸ Sadistische Fünftklässler
Sprache/Stil	▸ Äußere Handlung ▸ Innere Handlung ▸ Viele Dialoge ▸ Umgangssprache ▸ Kurze Sätze	▸ Südafrikanische Sprachen, südafrikanische Begriffe ▸ Ungewöhnliche Namen (für deutschsprachige Leser/innen) ▸ Humoristischer Stil (durch Übertreibungen und bildliche Sprache)
Literarische Formelemente/ Erzählkonzept	▸ Kurze Kapitel ▸ Episodenerzählung ▸ Ich-Erzähler ▸ Spannung ▸ Positives Ende	▸ Spannungsbogen (viele Verzögerungen und Leerstellen, Wissensstand der Leser/innen begrenzt) ▸ Charakterisierung der Figuren durch ihren Alias-Namen

LITERARISCHES PROFIL DER ERZÄHLUNG (u.3)

Bei Jenny Robsons »Tommy Mütze« handelt es sich um eine südafrikanische Erzählung für Kinder, die von Barbara Brennwald ins Deutsche übersetzt wurde. Die Autorin erzählt in elf Kapiteln, wie eine vierte Klasse in Südafrika auf einen rätselhaften, neuen Schüler reagiert. Auch leseungeübten Schüler/innen fällt es durch die kurzen Kapitel und den episodenhaften Aufbau leicht, der Handlung zu folgen.

Themen und Motive

Das zentrale Motiv der Erzählung stellt die Mütze von Tommy dar. Tommy kommt neu in die Klasse und trägt eine Skimütze, die nur die Augen freilässt (S. 9/10). Von da an rätseln seine Mitschüler/innen, warum er die Mütze trägt, und versuchen, ihm das Geheimnis zu entlocken. Tommy bekommt schnell den Spitznamen »Mütze« verpasst (S. 15). Während seine Mitschüler/innen ihn mit Worten bedrängen, sein Geheimnis preiszugeben, gehen die älteren Schüler mit körperlicher Gewalt vor. Sie versuchen brutal, Tommy die Mütze vom Gesicht zu reißen. Die Schüler/innen der 4SV helfen Tommy, obwohl sie sich selbst doch nichts sehnlicher wünschen, als Tommys Gesicht zu sehen (S. 48–50). Der brutale Angriff der Fünftklässler führt dazu, dass die Viertklässler Tommy nun nicht länger überreden wollen, sein Geheimnis zu lüften. Sie wollen Tommy stattdessen zeigen, dass sie ihn mögen und ihn unterstützen. Um dies zu demonstrieren, tragen auch sie am nächsten Tag jeder eine besondere Art Mütze. Tommy freut sich darüber, und die Schüler/innen machen mit ihren Kopfbedeckungen eine ganz neue Erfahrung: Sie fühlen sich sicherer und selbstbewusster – sei es gegenüber den normalerweise überlegenen Fünftklässlern (S. 62/63) oder beim Reden vor der Klasse (S. 68–70). Obwohl nun niemand mehr drängt, ist Tommy am letzten Tag der Woche von sich aus bereit, die Mütze abzulegen. Denn Tommy, der sich als Mädchen entpuppt, hat die Mütze getragen, um sich als »Neuer« an der Schule besser zu fühlen. Da Tommy nun aber angekommen ist und sich in der Klasse eingefunden hat, ist die Mütze als Schutz überflüssig geworden (S. 76–78).

Ein weiteres zentrales Motiv sind die Alias-Namen, die in der gesamten Erzählung vorkommen. Fast alle Schüler/innen der Klasse 4SV, der Rektor Mr Rasool, einige Lehrer und der Hausmeister der Colliery Primary School tragen einen Alias-Namen. Die Schüler/innen haben sich die Namen teilweise selbst gegeben, teilweise werden sie von den anderen so genannt, sie drücken also entweder die Selbst- oder die Fremdwahrnehmung einer Figur aus.

Ein zentrales Thema der Erzählung stellt der Zusammenhalt der Klasse dar. In der Klasse 4SV gibt es die üblichen Streitereien und Rivalitäten. Doch wenn es darauf ankommt, hält die Klasse zusammen und verfolgt gemeinsam ein Ziel. Der Rektor der Colliery Primary School predigt seinen Schüler/innen regelmäßig, wie wichtig Hilfsbereitschaft und Güte sind (z. B. S. 46). Die Klasse 4SV belässt es aber nicht nur bei Worten, sondern sie handelt auch so: Niemand reißt Tommy einfach die Mütze runter, obwohl sie alle neugierig sind und es gerne täten. Sie schreiten ein, als die Fünftklässler Tommy verprügeln, obwohl sie wissen, dass sie chancenlos sind (S. 49/50). Als es darum geht, Tommy zu helfen und ein gutes Gefühl zu vermitteln, machen alle mit, und keiner aus der Klasse ist zu eitel, um eine alberne Kopfbedeckung zu tragen (S. 60/61). Am Ende der Woche fühlt sich Tommy in dieser Gemeinschaft sicher und angenommen und braucht sich nicht mehr hinter einer Mütze zu verstecken. Tommys Mitschüler/innen feuern sie an und geben ihr einen neuen Alias-Namen: *Teamkönigin* (S. 77, Z. 23/24). Sie zeigen ihr damit, dass sie ein wichtiger Teil ihrer Gemeinschaft geworden ist (S. 77/78).

Die starke und bedingungslose Freundschaft von Doogal und Dumisani sticht ebenfalls als ein weiteres zentrales Thema der Erzählung hervor. Sie machen alles zusammen und kennen sich so gut, dass sie sogar oft das Gleiche denken (S. 54). Dass die beiden ein gutes Team sind, wird auch darin deutlich, dass sie mehr Spitznamen haben, die sie als Freunde bezeichnen, als für sich als Einzelpersonen (z. B. S. 14, Z. 5: »Doo-Dudes«; S. 20, Z. 1: »Duo Desaster«; S. 20, Z. 20: »2 Ds«; S. 20, Z. 24: »Big Ds«).

Erzähltechnik

Bei der erzählten Zeit handelt es sich um eine Schulwoche, die erste Schulwoche, die Tommy an der neuen Schule verbringt. Drei Kapitel erzählen das Geschehen am Freitag, zu den anderen Wochentagen gibt es jeweils zwei Kapitel. Die Handlung spielt an einer Primary School (1.–7. Klasse) in einer nicht näher bezeichneten Industriestadt in Südafrika. Es liegt ein personales Erzählverhalten vor. Bei dem Ich-Erzähler handelt es sich um Doogal, einen Schüler der 4. Klasse. Gemäß der personalen Erzählperspektive werden äußere und innere Handlung miteinander verbunden.

Die Erzählerrede wird durch verschiedene Formen der Figurenrede ergänzt. Die Wiedergabe direkter Rede nimmt viel Raum ein (z. B. S. 24, 32, 74–78) und es werden oft innere Monologe des Ich-Erzählers wiedergegeben (z. B. S. 22, Z. 1–5; S. 68, Z. 1–11).

Die lineare Erzählweise im epischen Präteritum wird teilweise unterbrochen: Zwischen den erzählten Episoden wird oft eine Leerstelle gelassen, oder die Erzählung einer Situation wird an einer spannenden Stelle abgebrochen und der Ausgang zunächst offengelassen und erst im Nachhinein erzählt (z. B. S. 30, 66, 77).

Spannungsbogen

Gleich zu Beginn des Buchs wird durch das Auftreten des neuen Schülers und dessen geheimnisvolle Erscheinung Spannung aufgebaut. Jenny Robson gelingt es, diese Spannung von Kapitel zu Kapitel zu steigern, sie erhält die Spannung bis zum Ende aufrecht, ohne dafür auf große Effekte oder Action zurückzugreifen. Die Neugier von Tommys Mitschüler/innen überträgt sich schnell auf die Leser.

Diese teilen größtenteils den Wissenshorizont des Ich-Erzählers und rätseln mit diesem gemeinsam, warum Tommy die Mütze tragen könnte. Doch durch bewusste Auslassungen (z. B. S. 65, Z. 25/26), Verzögerungen (z. B. S. 30, Z. 12 – S. 31, Z. 17; S. 76, Z. 21 – S. 77, Z. 10) und vage Andeutungen des Erzählers (z. B. S. 69, Z. 4–11) wird die Auflösung von Tommys Geheimnis bewusst hinausgezögert und so die Spannung zusätzlich erhöht. Den Höhepunkt stellt Dumisanis Rede vor der Klasse dar, in der die Spannung bis zur Auflösung des Geheimnisses zugespitzt wird (S. 74–77).

Figuren als Stereotypen

Die meisten Figuren der Erzählung werden nicht ausgearbeitet und bleiben eindimensional. Mit den Figuren werden Typen dargestellt, die in fast allen Gruppen oder Schulklassen vorkommen. Eine Charakterisierung der Figuren erfolgt fast ausschließlich über ihren Alias-Namen. Für die Leser wird so eine Identifikation mit den meisten Figuren zunächst erschwert. Leser/innen kennen jedoch ähnliche Charaktere aus ihrem Lebensumfeld, sie können daher ihre eigenen Erfahrungen einbringen und sich so die Figuren auch plastischer vorstellen.

Sprache

Die Figurenrede weist viele umgangssprachliche und konzeptionell mündliche Formulierungen auf (z. B. S. 33, Z. 17: »Mein Plan C ging ab wie der letzte Space Shuttle!«; S. 9, Z. 7/8: »Ja, genau, jetzt haltet endlich die Klappe, ihr beiden!«). Auffällig ist, dass auch immer wieder Begriffe aus afrikanischen Sprachen oder aus dem südafrikanischen Englisch einfließen (z. B. S. 15, Z. 23: »Bru«; S. 40, Z. 23/24: »Eish«; S. 69 Z. 15: »Guardtjie«; S. 71, Z. 7: »yebo«; S. 71, Z. 23: »sista«). Dies verleiht der Erzählung Authentizität und ermöglicht den Lesern, sich die südafrikanische Kulisse besser vorzustellen. Die Worterklärungen am Ende der Seite ermöglichen es, diese Begriffe problemlos zu verstehen.

Seine Mitmenschen schildert der Ich-Erzähler oft mit einem liebevoll-humoristischen Unterton: Er beschreibt deren zum Teil sonderbaren Eigenarten, ohne diese abzuwerten (z. B. S. 52, Z. 1–9). Der Erzähler verwendet eine sehr bildliche Sprache (z. B. S. 33, Z. 17–20), greift häufig auf lustig anmutende Vergleiche zurück (z. B. S. 49, Z. 18; S. 68, Z. 24) und übertreibt in seinen Darstellungen oft (z. B. S. 32, Z. 11–14). Bei der Beschreibung des langweiligen Schulalltags greift er beispielsweise mehrfach auf die Worte »tödlich« (z. B. S. 22, Z. 21/22) und »zum Sterben langweilig« (z. B. S. 8, Z. 11) zurück. Diese Übertreibungen sind zum einen sehr unterhaltsam und machen zum anderen für die Leser gut nachvollziehbar, welchen Frust der Ich-Erzähler in seinem Schulalltag empfindet. An einigen Stellen lassen sich auch Wortneuschöpfungen finden, zum Beispiel »Fieslingsspaß« (S. 22, Z. 18) oder »Miss Cherimmerbesserwisserise« (S. 77, Z. 14).

Die fantasievolle und humorvolle Sprache macht »Tommy Mütze« zu einem sehr lebendig wirkenden und unterhaltsamen Buch, das seine Leser an vielen Stellen schmunzeln lässt.

DEUTUNGSPERSPEKTIVEN (u.4)

Als zentrale Deutungsperspektive der Erzählung kann die Herausforderung des sich Öffnens gegenüber anderen gesehen werden. Tommy war schon oft »die Neue« und hat mit dem Neusein schlechte Erfahrungen gemacht. Sie möchte nicht mehr den Blicken und Tuscheleien der anderen ausgesetzt sein und entscheidet sich dafür, eine Mütze zu tragen (S. 74/75). Der metaphorische Sinn der Mütze wird für die Leser deutlich: Die Mütze bedeutet Schutz für Tommy, sie behält ihre Persönlichkeit für sich. Noch fühlt sie sich in der neuen Schule nicht sicher und heimisch, deswegen kann sie sich auch noch nicht ihren Mitschülern gegenüber öffnen.

Die Mütze verleiht Tommy das Gefühl der Sicherheit. Ihre Mitschüler machen eine ähnliche Erfahrung: Als sie am Freitag ebenfalls alle mit einer Kopfbedeckung in die Schule kommen, fühlen sie sich »inkognito« wohl, und sie trauen sich mehr als sonst (S. 63). Nach dieser Erfahrung können die Schüler der Klasse 4SV gut verstehen, dass Tommy die Mütze braucht, um sich im ungewohnten Umfeld sicher zu fühlen (S. 75, Z. 12–14).

Am Ende der Erzählung nimmt Tommy freiwillig die Mütze ab. Sie hat in ihrer ersten Woche an der Schule viel Unterstützung erfahren. Sie fühlt sich in der Klasse wohl und angenommen, sie ist Teil der Gemeinschaft geworden (S. 76, Z. 4). Nun kann sie das

Risiko eingehen und sich ihren Mitschülern gegenüber öffnen – Tommy legt die schützende Mütze ab (S. 76/77).

Jenny Robson zeigt in ihrer Erzählung deutlich, dass Menschen einen sicheren Rahmen brauchen, ein Umfeld, in dem sie sich wohlfühlen. Nur wenn Menschen die Erfahrung des Aufgehoben- und Angenommenseins machen, können sie sich öffnen und viel von ihrer Persönlichkeit preisgeben.

Eine weitere damit eng verbundene Deutungsebene der Erzählung bezieht sich auf die Auseinandersetzung mit der eigenen Identität. Fast alle Schüler/innen der Klasse 4SV und viele Lehrer/innen tragen einen Alias-Namen. Alle Alias-Namen charakterisieren die bezeichnete Figur genauer, manchmal wird durch sie eine Äußerlichkeit (S. 15, Z. 21/22 Captain Giraffe: großer Schüler), eine Fähigkeit (S. 63, Z. 25 AC Milan: Fußballtalent) oder eine Charaktereigenschaft (S. 29, Z. 18/19: Mäuschen – Schüchternheit; S. 28, Z. 25 – S. 29, Z. 1: Mr Mosi – Rührseligkeit) beschrieben. Auch Tommy erhält Alias-Namen, erst wird Tommy »Mütze« und »New Bru«, später »Teamkönigin« genannt.

Die Alias-Namen drücken entweder die Selbst- oder die Fremdwahrnehmung einer Figur aus. An der Figur Doogals wird deutlich, dass Selbst- und Fremdwahrnehmung nicht immer übereinstimmen: Doogal bevorzugt für sich und Dumisani die Alias-Namen »Doo-Dudes« oder »Big Ds« (S. 20, Z. 22–26). Diese Alias-Namen heben positive Aspekte wie die Freundschaft (»Doo-Dudes«) oder Größe (»Big Ds«) hervor, auch wenn Doogal selbst gar nicht groß ist (S. 20, Z. 25/26). Den Alias-Namen »Duo Desaster«, der negative Eigenschaften fokussiert, kann Doogal hingegen gar nicht leiden (S. 20, Z. 22/23). Das dominante Motiv der Alias-Namen regt die Leser dazu an, über eigene Alias-Namen nachzudenken, und fordert sie so dazu auf, über ihre Eigenschaften und ihre Identität nachzudenken. Jenny Robson gibt mit ihrer Erzählung somit Anstoß dazu, sich über die eigene Selbstwahrnehmung bewusst zu werden und diese mit der Wahrnehmung anderer abzugleichen.

Als eine weitere Deutungsebene könnte die Frage nach dem Umgang mit Vielfalt herangezogen werden. In der Erzählung »Tommy Mütze« wird eine Schulklasse beschrieben, die sich aus Schüler/innen unterschiedlicher Ethnien und sehr verschiedener Charaktere zusammensetzt. Die ethnische Herkunft der Kinder wird nicht explizit thematisiert, nur die Namen der Figuren (z. B. S. 20, Z. 5: »Thandi«; S. 20, Z. 27: »Yasemina«; S. 38, Z. 18: »Riyaad«; S. 15, Z. 21: »Obakeng«), das Buchcover und das Nachwort der Autorin lassen darauf schließen. Dass in der Klasse 4SV die unterschiedlichsten Charaktere zusammentreffen, wird in den erzählten Episoden und insbesondere auch durch die verschiedenen Alias-Namen deutlich. Obwohl die Schüler/innen so unterschiedlich sind, hält die Klasse zusammen und bildet eine Gemeinschaft. Das friedliche Miteinander in der Klasse ist möglich, da jeder den anderen so sein lässt, wie er ist. Auch wenn mal über den Träumer gelächelt wird oder man eine Auseinandersetzung mit einer Mitschülerin hat, gibt es keine bösartigen Sticheleien, sondern jeder wird mit seinen Eigenschaften und Eigenarten angenommen, jeder wird respektiert.

Jenny Robsons Erzählung ist somit als eindeutiges Plädoyer dafür zu verstehen, zu sich selbst zu stehen und auch den anderen in seinen Eigenarten anzunehmen. Wenn man bereit ist, Vielfalt als Bereicherung zu sehen, dann kann auch ein friedvolles Zusammenleben möglich sein. Die Klasse 4SV ist hierfür ein positives Beispiel.

u.5 METHODENKISTE

Im Folgenden werden Vorschläge zu Arbeitsweisen mit der Erzählung »Tommy Mütze« gemacht und Umsetzungsmöglichkeiten für den Unterricht dargestellt. In der ersten Tabellenspalte wird auf anzustrebende Kompetenzen im Deutschunterricht hingewiesen. Bezug genommen wird dabei auf die »Bildungsstandards für das Fach Deutsch für den Mittleren Bildungsabschluss«, wie sie von der Kultusministerkonferenz 2003 verabschiedet wurden. Um eine bessere Übersicht gewährleisten zu können, beziehen wir uns in der tabellarischen Darstellung allerdings ausschließlich auf einige Bildungsstandards des Bereichs »Lesen – mit Texten und Medien umgehen«. In der mittleren Tabellenspalte werden methodische Möglichkeiten aufgeführt, die meist mehreren Bildungsstandards zugeordnet werden können. In der dritten Spalte der Tabelle werden Umsetzungsmöglichkeiten im Unterricht ausgewiesen, und es wird auf Kopiervorlagen im Heft verwiesen.

Die vorgeschlagenen Methoden können gut im Rahmen des fächerübergreifenden Ansatzes verwendet werden. Das fächerübergreifende Arbeiten bietet sich bei dieser Erzählung vor allem mit den Fächern Sachkunde, Geschichte, Englisch, Ethik und Religion an.

Bildungsstandards	Methoden	Beispiele
→ Verschiedene Lesetechniken beherrschen		
• Über grundlegende Lesefertigkeiten verfügen: flüssig, sinnbezogen, überfliegend, selektiv, navigierend lesen	• Ein Kapitel bzw. eine besonders wichtige, lustige oder spannende Stelle vorlesen	• Kapitel 7 »Donnerstag: Der Angriff« (S. 45–50): Tommy gerät in Gefahr und wird in letzter Sekunde gerettet
	• Einen Textausschnitt mit verteilten Rollen lesen	• Gespräch zwischen Cherise und Tommy (S. 24 und S. 28/29)
	• Bestimmte Textinhalte auffinden	• Mit dem Zeilometer arbeiten → **k.1** • Vermutungen, warum Tommy die Mütze trägt → **k.2** • Was mag Doogal an Dumisani? → **k.3**
	• Ein den Text erschließendes Unterrichtsgespräch anhand von Leitfragen führen	• Warum fragen die Doo-Dudes Tommy am ersten Tag nicht, warum Tommy die Mütze trägt? • Warum war die Mütze für Tommy in den ersten Tagen wichtig? Wieso braucht Tommy sie am Ende nicht mehr? • Dass alle Kinder der 4SV mit Mütze in die Schule kommen, bedeutet Tommy viel. Wieso?
	• Ein Kapitel oder einen Textabschnitt gestaltend vorlesen und mit dem Computer bzw. auf CD aufnehmen	• Kapitel 11 »Freitag, Schülerreferate – Teil 2« (S. 74–78): Spannender Vortrag Dumisanis, an dessen Ende Tommys Geheimnis gelüftet wird
→ Strategien zum Leseverstehen kennen und anwenden		
• Leseerwartungen und -erfahrungen bewusst nutzen	• Assoziationen zum Buch sammeln, Leseerwartung aufbauen, ein Lesemotiv formulieren • Vorwissen aktivieren, eine Mindmap anlegen	• Ideen-Cluster mit Assoziationen zum Titel und zum Titelbild erstellen • Handlung antizipieren • Biografie der Autorin oder Interview mit ihr lesen • Ein Deckblatt für den Leseordner gestalten • Mindmap anlegen: Vorwissen zu Südafrika darlegen → **k.4**
	• Bezüge zur eigenen Lebenswirklichkeit herstellen	• Mein bester Freund/meine beste Freundin → **k.3** • Meine Spitznamen → **k.5** • Eigene Erfahrung mit Konfliken mit älteren Kindern → **k.9** • Eigene Erfahrungen mit dem Neusein reflektieren • Ein Teamlogo für meine Klasse entwerfen → **k.12**
• Textschemata erfassen, z. B. Textsorte, Aufbau des Textes	• Die Erzählkonstruktion analysieren	• Kapiteleinteilung und erzählte Zeit untersuchen • Spannungserzeugende Verzögerungen finden
• Verfahren zur Textstrukturierung kennen und selbstständig anwenden	• Wesentliche Textstellen kennzeichnen	• Verschiedene Versuche, Tommy das Geheimnis zu entlocken, herausarbeiten • Rolle Tommys in der Klasse untersuchen: Ab wann gehört sie dazu?
	• Kapitelüberschriften formulieren, austauschen und diskutieren	• Kapitel umbenennen nach Kapitelinhalt, Vorschläge in der Klasse diskutieren
	• Fragen aus dem Text ableiten	• Verhalten des Schulleiters und dessen Wertvorstellungen

Bildungsstandards	Methoden	Beispiele
• Verfahren zur Textaufnahme kennen und nutzen	• Texte und Textabschnitte zusammenfassen	• Zusammenfassung des Kapitels 3 »Montag in der Pause«: Satzanfänge vervollständigen → k.3
	• Eine Inhaltsangabe mithilfe von Satzstreifen erstellen	• Kapitel 7 »Donnerstag: Der Angriff« → k.9
	• Fragen zum Text beantworten	• Was mag Doogal an Dumisani? → k.3 • Welche Alias-Namen mögen Doogal und Dumisani? → k.5 • Name Mr Mosi erklären → k.10
	• Aussagen am Text überprüfen	• In der Mathestunde → k.5
	• Aussagen erklären und konkretisieren	• »Ihr macht das genau richtig, wie es sich für die Kinder der Colliery Primary gehört« • »Tommy ist jetzt einer von uns!«
	• Stichwörter formulieren und damit ein Kapitel nacherzählen	• Kapitel 5 »Mittwoch: Fragen«
→ Literarische Texte verstehen und nutzen		
• Ein Spektrum altersangemessener Werke – auch Jugendliteratur – bedeutender Autorinnen und Autoren kennen	• Leben und Werk des Autors kennenlernen und mit ihm in Kontakt treten	• Infos zum Autor über www.beltz.de • Briefe über den Verlag Beltz & Gelberg Postfach 100154 69441 Weinheim (Briefe bitte gesammelt schicken, eine Antwort liegt im Ermessen der Autorin) • Interview mit Jenny Robson lesen → i.3
	• Thematisch verwandte Jugendromane kennenlernen	• Z. B. »Wir leben in Südafrika« von Claire Veillères
• Zentrale Inhalte erschließen	• Ein Unterrichtsgespräch zum Text anhand von Leitfragen führen	• Unsicherheit Tommys als »Neuer« • Zusammenhalt der Klasse 4SV • Rivalitäten zwischen Jungen und Mädchen
• Wesentliche Elemente eines Textes erfassen, z. B. Figuren, Raum- und Zeitdarstellung, Konfliktverlauf	• Den zeitlichen Verlauf des Romans erarbeiten und darstellen	• Romanhandlung im Zeitstrahl darstellen
	• Eine Figurenkonstellation/ein Soziogramm erarbeiten	• Verhältnis zwischen Cherise und Doo-Dudes herausarbeiten und visualisieren
	• Die Beziehung zwischen Figuren herausarbeiten	• Beziehung zwsichen Doogal und Dumisani untersuchen
	• Figuren charakterisieren	• Mr Mosi → k.10
	• Handlungsräume analysieren, auch hinsichtlich der Symbolik	• Schule als Lebensraum und wichtiger Bereich des Alltags
	• Ein Thema bzw. Motiv über den ganzen Roman hinweg verfolgen	• Die Mütze als Schutz gegen Unsicherheit • Die Rolle Tommys als »Neuer« in der Klasse • Die Alias-Namen als Charakterisierung
• Wesentliche Fachbegriffe zur Erschließung von Literatur kennen und anwenden	• Die Erzählperspektive wechseln: eine Textstelle aus anderer Perspektive (z. B. aus der Ich-Perspektive) erzählen	• Tommys Tagebucheintrag → k.4 • Ein Kapitel aus Cherise Sicht erzählen lassen (z. B. Kapitel 3 »Dienstag, Mathe«)
	• Leerstellen des Romans füllen	• Gespräch Tommys mit Mutter → k.6 • Mr Rasools Vortrag → k.10
	• Einen inneren Monolog einer Figur verfassen	• Innerer Monolog Tommys, während Dumisani das Referat hält • Innerer Monolog Tommys → k.7
• Sprachliche Gestaltungsmittel in ihren Wirkungszusammenhängen und in ihrer historischen Bedingtheit erkennen, z. B. Wort-, Satz- und Gedankenfiguren, Bildsprache (Metaphern)	• Die Namen von Figuren oder Gegenständen unter die Lupe nehmen	• Doo-Dudes → k.3 • Duo Desaster → k.5 • Mr Mosi → k.10

Bildungsstandards	Methoden	Beispiele
	• Sprachliche Bilder/Metaphern und mögliche Symbole im Text erkennen, ihre Bedeutung verstehen und über ihre Leistungen diskutieren	• Die Mütze als Schutz erkennen, verdeckt die Identität
	• Stilaspekte untersuchen	• Sprache des Erzählers untersuchen (Vergleiche, Übertreibungen) • Wörter aus aufrikanischen Sprachen verstehen → **k.4, k.10** und Wirkung der Sprache reflektieren
• Eigene Deutungen des Textes entwickeln, am Text belegen und sich mit anderen darüber verständigen	• Eine kontroverse Diskussion zu bestimmten Aspekten oder Figuren führen	• Welche Eigenschaften sollte eine gute Schulrektorin/ein guter Schulrektor haben? → **k.10** • Typisch Junge – typisch Mädchen? → **k.8**
	• Mittels Alter-Ego-Technik die möglichen Gedanken von Figuren darstellen	• Kapitel 5 »Mittwoch: Fragen«: Tommys Gedanken mittels Alter-Ego-Technik darstellen → **k.7**
	• Den Spannungs- bzw. Stimmungsbogen des Romans/eines Kapitels grafisch darstellen	• Spannungsverlauf bis zur Auflösung im Kapitel 11 »Schülerreferate – Teil 2« nachvollziehen und in einer Spannungskurve visualisieren • Tommys Gefühle in einer Gefühlskurve darstellen → **k.12**
	• Eine Rezension zum Roman verfassen	• Meinung zur Erzählung als Rezension verschriftlichen. Unterschiedliche Ansichten in der Klasse diskutieren
• Analytische Methoden anwenden	• Den antizipierten und realen Handlungsverlauf vergleichen	• Das Mittagessen → **k.2**, anschließend mit realem Handlungsverlauf vergleichen
	• Untersuchen, wie im Text Spannung erzeugt wird	• Bewusste Verzögerungen im Text finden und deren Wirkung diskutieren
	• Handlungsmotive einer Figur herausarbeiten	• Warum hat Tommy die Mütze getragen? → **k.12** • Warum reißt Doogal Tommy die Mütze nicht einfach vom Kopf?
	• Textstellen interpretieren und mit eigenen Worten erklären	• Tommy wird »Teamkönigin« genannt – wieso? • Warum verhält sich Mpho anders als sonst?
	• Den thematischen Hintergrund des Romans erhellen	• Hintergrundinformationen Südafrika → **k.13**
• Produktive Methoden anwenden	• Eine Fotostory bzw. einen Comic zu einem Kapitel des Romans erstellen	• Die Verfolgung → **k.6** • Die gesamte Erzählung als Fotostory darstellen
	• Einen Steckbrief zu einer Figur erstellen	• Einen Steckbrief zu Doogal, Dumisani, Cherise und Tommy anlegen → **k.7**
	• Ein fiktives Interview mit einer Figur führen	• Interview mit Tommy für die Schülerzeitung: Tommy, wie hast du deine erste Schulwoche erlebt?
	• Einen fiktiven Dialog zwischen Romanfiguren verfassen	• Dialog zwischen Tommy und Doogal • Dialog zwischen Tommy und ihrer Mutter → **k.6**
	• Gedanken und Gefühle der Figuren imaginieren	• Was denken Doogal und Tommy, als Tommy die Klasse betritt? → **k.2** • Was denkt Cherise über die Doo-Dudes? → **k.5** • Was denken die Doo-Dudes über Cherise? → **k.8** • Was denkt Tommy, als alle Kinder mit Mütze in die Schule kommen? → **k.11**
	• Den Roman weiterdenken und -schreiben	• Tommys zweite Woche an der Colliery Primary School
	• Eine Textstelle weiterschreiben bzw. den Handlungsverlauf antizipieren	• Das Mittagessen → **k.2** • Die Verfolgung → **k.6**

Bildungsstandards	Methoden	Beispiele
• Produktive Methoden anwenden (Forts.)	• Standszenen prägnanter Szenen darstellen und erraten lassen	• Tommy kommt neu in die Klasse • Streit zwischen Cherise und den Doo-Dudes • Tommy wird von Fünftklässlern beleidigt
	• Einen Brief einer Figur an eine andere Figur verfassen	• Dankesbrief von Tommy an Doogal, Dumisani oder Cherise verfassen
	• Ein Kapitel in einen Tagebucheintrag umschreiben	• Tagebucheintrag Tommys über ihren ersten Schultag (Kapitel 1 und 2) → **k.4**
	• Eine Reportage bzw. einen Zeitungsbericht über eine Textstelle verfassen	• Bericht in der Schülerzeitung über die neue Schülerin und welche Aufregung sie in der Klasse 4SV verursacht hat
	• Ein literarisches Rollenspiel durchführen	• Kapitel 5 »Mittwoch: Fragen« in einem Rollenspiel darstellen → **k.7**
	• Eine thematische Aktion durchführen	• Einen Südafrika-Nachmittag planen und durchführen → **k.13**
	• Ein Rätsel zu einem Kapitel oder zur Erzählung erstellen bzw. lösen	• Namen der Kinder in einem Suchsel finden → **k.4** • Quizfragen zur Erzählung formulieren
	• Ein Plakat bzw. eine Collage zur Erzählung bzw. zu Themen der Erzählung erstellen	• Collagen »Typisch Junge – typisch Mädchen« erstellen → **k.8** • Ein Ich-Plakat erstellen
	• Ein Gedicht zu einem Kapitel verfassen	• Ein Akrostichon zum Begriff »Zusammenhalt« verfassen
• Handlungen, Verhaltensweisen und Verhaltensmotive bewerten	• Zu den Romanfiguren Stellung beziehen, ihr Verhalten und Handeln bewerten und kommentieren	• Verhalten der Fünftklässler bewerten • Auftreten Mr Mosis gegenüber Schülern bewerten → **k.10** • Verhalten der Klasse 4SV bewerten
	• Sympathie/Antipathie zu den Figuren thematisieren	• Cherise: Ist sie dir sympathisch oder eher nicht? • Ms Venter: Hättest du sie gerne als Lehrerin?
→ Sach- und Gebrauchstexte verstehen und nutzen		
• Hintergrundinformationen suchen, verstehen, auswerten und vergleichen	• Eine Wandzeitung erstellen	• Eine Wandzeitung zu Südafrika erstellen → **k.13**
→ Medien verstehen und nutzen		
• Informationsmöglichkeiten nutzen	• Internet- und Buchrecherche zu Themen des Romans	• Südafrika: Sprachen und Ethnien
	• Einen Internet-Service benutzen	• Informationen über die Autorin finden • Vertiefung von thematischen Aspekten der Erzählung
• Medien zur Präsentation und ästhetischen Produktion nutzen	• Powerpoint-Präsentationen erstellen und vorstellen • Hypertexte erarbeiten, vorstellen und reflektieren	• Ein Quiz zur Erzählung in Powerpoint erstellen • Eine Fotonovela in Powerpoint erstellen • Ein Web-Quest zu Südafrika erstellen

VORSCHLAG FÜR EINE UNTERRICHTSEINHEIT

u.6

Einstiegssequenz
(2–3 Unterrichtsstunden)

- Klassengespräch zum Titel und zum Titelbild
- Assoziationen zum Klappentext sammeln. Erwartungen der Schüler/innen zum Buch sammeln und Vermutungen zum Inhalt anstellen lassen.
- Hinführung zum Buch: Vorwissen über Südafrika zusammentragen. Lehrer/in ergänzt durch erste Hintergrundinformationen bzw. **k.13**. Vorstellen der Biografie der Autorin.
- Vorlesen des 1. Kapitels »Montag, in der Englischstunde« durch die Lehrerin/den Lehrer
- Montag, in der Englischstunde → **k.2**
- Erstellen eines Zeilometers → **k.1**

Gemeinsame Lektüre der Erzählung
(5–7 Unterrichtsstunden)

Aufgrund des geringen Umfangs bietet es sich an, die Erzählung gemeinsam im Klassenverband zu lesen. Abschnitte könnten aber selbstverständlich auch von Schüler/innen zu Hause gelesen werden.

Die Kopiervorlagen **k.3** bis **k.13** dienen zum Verständnis der Erzählung und können zur Erstellung eines Leseordners genutzt werden. Im Leseordner werden die bearbeiteten Kopiervorlagen, Schülertexte und weitere z. B. kreative Arbeiten zur Lektüre gesammelt. Das Führen des Leseordners hilft den Schüler/innen dabei, sich der Lektüre zu nähern und ihre Begegnung mit dem Buch zu dokumentieren. Eine individualisierte Auseinandersetzung mit der Lektüre wird durch die Erstellung eines Leseordners ermöglicht.

Projektorientierte Phase
(5–7 Unterrichtsstunden)

Nach Beendigung der Lektüre bietet es sich an, mit den Schüler/innen Themen und Aspekte der Erzählung in einer Projektphase zu vertiefen.

Folgende Aspekte erarbeiten sich die Schüler/innen detaillierter:

Der Roman
- Spannungsbogen
- Figuren als Stereotypen – Alias-Namen deuten
- Mögliche Textdeutungen und Interpretationen
- Wirkung der Sprache untersuchen
- Textrezeption der Klasse

Themen des Romans
- Südafrika (z. B. Geschichte, Rolle Nelson Mandelas, Sprachen, Kultur, Kindheit und Schulsystem)
- Identität
- Selbst- und Fremdwahrnehmung
- Vielfalt
- Toleranz

Die Schüler/innen können hierbei in Gruppen, aber auch in Einzel- oder Partnerarbeit vorgehen. Es bietet sich an, die Ergebnisse in den Leseordner aufzunehmen oder sie in Form einer Wandzeitung auszustellen. Die Präsentation der Ergebnisse vor Eltern und Mitschüler/innen würde die Arbeitsergebnisse der Schüler/innen würdigen und die Projektphase abrunden.

ⓘ Infoblätter

i.1 ZUR AUTORIN

Jenny Robson wurde in Kapstadt geboren und wuchs dort zur Zeit der Apartheid auf. Sie studierte Grundschulpädagogik in Mowbray und Philosophie in Kapstadt an der University of South Africa. Nach dem Studium arbeitete sie im südafrikanischen Simonstown als Lehrerin. Zwei Jahre später ging sie als Musikpädagogin nach Botswana. Dort lernte sie ihren Ehemann kennen, den Briten Matt Robson. Mit ihm zog sie 1987 nach England. Nach drei Jahren kehrten sie nach Botswana zurück, wo sie auch heute lebt.

Jenny Robson begann nach einer Lebenskrise im Alter von 38 Jahren mit dem Schreiben. Sie verfasste über 30 Kinder- und Jugendbücher, viele Kurzgeschichten, einen Roman und Erzählungen für Kinder mit Englisch als Zweitsprache. Sie erhielt wichtige Auszeichnungen, wie den UNESCO-Preis für Kinder- und Jugendliteratur im Dienst der Toleranz.

Jenny Robsons humorvolle Schreibweise und ihre Wortgewandtheit führen dazu, dass ihre Geschichten, in denen sie oft ernste und schwierige Themen anspricht, nicht schwermütig wirken, sondern unterhaltsam und fesselnd sind. Ihre Romane und Erzählungen spielen in Afrika, mit dem sie sich tief verbunden fühlt. In ihren Büchern erzählt sie von Ängsten und Träumen junger Menschen. Sie greift auch sensible und in Afrika aktuelle Themen wie Ausgrenzung, Rassismus, Aids und Straßengangs in Townships auf. Dabei betont Jenny Robson stets die Einzigartigkeit von Individuen und stellt heraus, wie wertvoll jeder Mensch ist. Ihre große Zuneigung zu Kindern und ihre Liebe zu Afrika sprechen aus ihren Geschichten, und sie berührt ihre Leser tief.

i.2 WERKE UND AUSZEICHNUNGEN

Werke (Auswahl)

- **Mellow Yellow.** Kapstadt: Tafelberg/NB Publisher, 1994.
- **Nobody's Perfect.** Kapstadt: Human & Rousseau, 1995.
- **Where Shadows Fall.** Kapstadt: Kwela, 1996.
- **One Magic Moment.** Kapstadt: Tafelberg/NB Publisher, 1996.
- **Da musst du durch, Lurch.** Berlin: Elefanten Press, 1996 (Originalausgabe: **Don't Panic, Mechanic.** Kapstadt: Tafelberg/NB Publisher, 1994).
- **Because Pula Means Rain.** Kapstadt: Tafelberg/NB Publisher, 2000.
- **All for Love.** Wuppertal: Peter Hammer, 2007 (Originalausgabe: **Praise Song.** Kapstadt: Tafelberg/NB Publisher, 2005).
- **Tommy Mütze.** Basel: Baobab Books, 2012 (Originalausgabe: **Balaclava Boy.** Kapstadt: Tafelberg/NB Publisher, 2009).

Preise und Auszeichnungen (Auswahl)

2003	UNESCO-Preis für Kinder- und Jugendliteratur im Dienst der Toleranz für »Because Pula Means Rain«
2005	Sanlam Youth Literature Award für »Praise Song«
2012	Golden Baobab Prize für die Geschichte »Wha-Zup Dude«
2013	Nominierung für den Deutschen Jugendliteraturpreis, Sparte Kinderbuch (»Tommy Mütze«)

Interview mit Jenny Robson: »Ich wusste nicht, wie die Geschichte ausgeht«

i.3

Jenny Robson über ihre Idee zum Roman, ihre Lieblingsstelle und warum sie Afrika so sehr mag

Frau Robson, tragen Sie selbst gerne, wenn es kalt ist, eine Mütze?

Ich trage nie Mützen! Die fühlen sich an, als würden sie mein Hirn quetschen.

Wie kam Ihnen die Idee zu dem Buch »Tommy Mütze«?

Gegenüber unserem Haus war einmal eine Baustelle. Einer der Arbeiter trug eine leuchtend orangefarbene Wollmütze, selbst an heißen Sommertagen. Ich fragte ihn, warum. Er antwortete: »Weil es mich fröhlich macht!« Das fand ich einen sehr guten Grund, etwas zu tun. So kam ich auf die Idee, mir einen Jungen auszudenken, der eine Wollmütze in der Schule trägt.

Stand der Titel »Balaclava Boy« für Sie von Anfang an fest?

Nein, zuerst wollte ich den Titel »Warum? Weil!«. Ich liebe, dass auf Warum-Fragen immer ein »weil« folgen muss. Aber letztendlich klang »Balaclava Boy« besser und einfacher.

Wie verlief der Schreibprozess? Wie lange haben Sie an dem Buch gearbeitet?

Ich habe die Geschichte immer wieder neu geschrieben – ganz vom Anfang, bis zum Ende, mindestens sechs Mal! Jedes Mal fügte ich mehr Szenen hinzu. Ich habe wenig wieder weggestrichen.

Stand Tommys Geheimnis für Sie von Anfang an fest oder kam Ihnen die Auflösung des Geheimnisses erst beim Schreiben?

Nein, ich wusste nicht, wie die Geschichte enden würde. Das war das erste Mal, dass ich eine Geschichte zu schreiben begonnen hatte, ohne das Ende zu kennen. Meistens denke ich mir zuerst das Ende aus. Ich habe verschiedene Versionen für das Ende ausprobiert, aber keine fühlte sich richtig an. Eines Tages sagte mein Mann Matt: »Warum lässt du Tommy nicht ein ... sein?« (Ich verrate das Geheimnis nicht, falls du das Ende der Geschichte noch nicht kennst.) Aber ich wusste gleich, dass es das perfekte Ende war. Deshalb habe ich Matt die Geschichte gewidmet.

Wer ist Ihre Lieblingsfigur im Buch und warum?

Ich habe keine Lieblingsfigur. Für mich sind alle besonders auf ihre eigene Art. Jede bringt mich zum Lächeln. Es ist auch so, wenn ich in der Schule unterrichte. Ich habe keine Lieblingsschüler, weil jeder Schüler etwas Besonderes und Einzigartiges und Interessantes an sich hat. Jeder bringt mich zum Lächeln.

Was ist Ihre Lieblingsstelle?

Ich finde es klasse, wenn Doogal auf seinen Tisch steigt und den Rhythmus vorgibt.

In »Tommy Mütze« kommen einige Ausdrücke aus dem Afrikaans, dem Zulu, der Sprache der Kolo und dem Xhosa sowie einige typische südafrikanische Wörter vor. Welche Bedeutung haben diese Sprachen und Sprache generell in Südafrika?

In Südafrika haben wir elf verschiedene offizielle Sprachen. Afrikaans, Zulu und Xhosa sind neben Englisch die am häufigsten gebrauchten. Wenn wir reden, borgen wir uns Wörter aus den anderen Sprachen. Manchmal gibt es für das Wort keine direkte Übersetzung ins Englische, oder es hat auch im Englischen nicht die ganz gleiche Bedeutung. »Eish«, zum Beispiel, ist ein toller Ausdruck für Betroffenheit, Ärger oder Geringschätzung. Es gibt kein englisches Wort, das es ersetzen könnte oder das genau das gleiche Gefühl vermittelt.

Sie bezeichnen Südafrika bzw. Afrika als Ihre Heimat, mit der Sie sich sehr verbunden fühlen. Können Sie dieses Gefühl näher beschreiben und erklären?

In Südafrika gibt es oft Streit darüber, wer ein »echter« Afrikaner ist. Manche sagen, man sei nur echter Afrikaner, wenn man schwarze Haut hat. Ich weigere mich, das zu akzeptieren. Ich habe weiße Haut, aber ich bin in Afrika geboren, und ich gehöre hierher.

Kein anderer Ort der Welt kann jemals Heimat für mich werden. Ich liebe Afrika leidenschaftlich. Wenn ich schreibe, schreibe ich in erster Linie für junge afrikanische Menschen. Schreiben ist die beste Möglichkeit für mich, Afrika zu ehren. Ich bin Afrikanerin, und ich bin stolz darauf. Es ist Teil meiner Identität und meiner Seele. Kein Argument wird das ändern können.

Haben Sie eine ähnlich starke und vorurteilsfreie Freundschaft wie die der Doo-Dudes oder so einen guten Klassenzusammenhalt wie den der 4SV als Lehrerin selbst erlebt oder beschreiben Sie darin ein Idealbild?

Oh ja! Ich erlebe es jeden Tag in der Schule. Manche Klassen haben Insider-Witze, die niemand anders versteht. Ich sehe Freunde, die dauernd zusammen sein wollen und die füreinander einstehen.

Aber ich sehe auch einsame Kinder, die keine engen Freunde haben und die sich ihrer Klasse nicht zugehörig fühlen. Das macht mich traurig. Wenn ich über die Welt herrschen würde, wäre jede Schulklasse wie die 4SV, und jeder hätte einen besonderen Freund wie Dumisani oder Doogal.

Kennen Sie so wie Tommy das unangenehme Gefühl des »Neuseins«? Gab es für Sie eine »Mütze« in dieser Situation, die Ihnen über das Neusein hinweggeholfen hat?

Ja, ich erinnere mich, die Neue zu sein, und wie schwer es war, mich einzufinden. Sogar als ich nicht mehr die Neue war, fand ich es schwierig, weil ich »anders« war. Ich hatte nie das Gefühl, wirklich dazuzugehören. Und ich fand nie eine »Mütze«, die mir geholfen hätte. Wenn Kinder sich schwertun, wie ich, hoffe ich, dass sie in diesem Buch ihre »Mütze« finden.

Cherise lässt sich von den Jungen nichts bieten und gibt nicht so schnell auf. Ihre Stärke ist bewundernswert. Ist sie für Sie ein »typisch südafrikanisches« Mädchen?

Viele unserer Mädchen sind stark und selbstbewusst. Aber es gibt Mädchen in manchen Teilen der Gesellschaft, die nicht so sind. Sie sehen sich als schwach und zweitklassig und nicht so wichtig wie Jungs. Sie wissen nicht, wie sie sich behaupten oder wertschätzen können. Cherise in diesem Buch ist besonders für sie. Ich hoffe, dass sie ein Vorbild für sie sein kann. Denn das können Bücher erreichen: Sie können dir eine andere Realität zeigen. Sie können helfen, Dinge infrage zu stellen. Sie können inspirieren, Dinge, die falsch sind, zu ändern.

Was hat sich für Sie in Südafrika seit Ihrer Kindheit am meisten verändert? Wie beurteilen Sie diese Veränderungen?

Als ich ein kleines Mädchen war, musste ich in eine Schule für »weiße« Kinder gehen. Unsere Lehrer mussten alle »weiß« sein, und nur »Weiße« durften in unserem Viertel wohnen. Es war das Apartheidsgesetz. Heute kann man in Südafrika in jede Schule gehen, wohnen, wo man möchte, arbeiten, wo man möchte. Die Rasse und Hautfarbe spielt keine Rolle mehr. Diskriminierung ist heute gesetzeswidrig.

1963 sagte Martin Luther King in Amerika: »Ich habe einen Traum, dass meine Kinder eines Tages nicht aufgrund ihrer Hautfarbe, sondern ihres Charakters wegen beurteilt werden. Ich habe einen Traum, dass eines Tages kleine schwarze Jungen und kleine schwarze Mädchen kleinen weißen Jungen und kleinen weißen Mädchen die Hände reichen können als Brüder und Schwestern.« 1994 sagte Nelson Mandela in Südafrika: »Wir werden eine Gesellschaft bauen, in der alle Südafrikaner, schwarz wie weiß, aufrecht gehen können – eine Regenbogennation im Frieden mit sich selbst.« Herr Kings Traum und Herr Mandelas Wünsche werden langsam in Südafrika wahr. Wir haben immer noch einen langen Weg vor uns. Die Vergangenheit ist nicht schnell vergeben und vergessen. Es gibt immer noch viele Herausforderungen. Es gibt manche Leute, die nicht Teil einer Regenbogennation sein wollen. Aber wenigstens sind wir jetzt auf dem richtigen Weg. Und das Leben ist auf diese Art so viel interessanter!

Gibt es eine Botschaft, die Sie Ihren Lesern mit auf den Weg geben möchten?

Ja! Du bist eine einzigartige Person. Niemand in der ganzen Welt ist genau wie du. Genieße diesen Gedanken und schätze dich selbst als die einzigartige Person, die du bist.

Woran arbeiten Sie gerade? Auf was dürfen wir uns als nächstes freuen?

Mein nächster Roman wird »Granit« heißen. Und natürlich spielt er hier in Afrika.

Interview: Anna-Lena Wiederhold, Marc Böhmann (November 2013)
Übersetzung: Regine Schäfer-Munro

Tabellarische Kapitelübersicht

i.4

Kapitel	Seite	Erzähltes Geschehen
1 Montag, in der Englischstunde	7–11	Am Montagmorgen stellt der Rektor der Colliery Primary School der Klasse 4SV einen neuen Schüler vor, Tommy MacAdam. Die Klasse ist verblüfft, denn Tommy trägt eine Skimütze, die sein Gesicht verdeckt. Insbesondere die beiden Freunde Doogal und Dumisani, die auch Doo-Dudes genannt werden, können sich nun nicht mehr auf den Unterricht konzentrieren.
2 Montag, in der Pause	13–17	Selbst beim Mittagessen behält Tommy die Mütze auf. Die Doo-Dudes und Tommy spielen Fußball, und Tommy erweist sich als guter Spieler – natürlich trägt er auch hier die Mütze. Obakeng verpasst Tommy seinen Spitznamen »Mütze«. Die Doo-Dudes beschließen, Tommy nach der Schule zu fragen, warum er die Mütze trägt.
3 Dienstag, Mathe	19–25	Am nächsten Tag will Cherise sofort wissen, was die Doo-Dudes über Tommys Geheimnis herausgefunden haben. Doch dieser hat es ihnen nicht verraten. Cherise versucht, während der Mathestunde mehr aus Tommy heraus zu bekommen. Sie wird allerdings von der Lehrerin dabei unterbrochen.
4 Dienstag, Naturkunde	27–30	In der Naturkundestunde versucht Cherise erneut, etwas aus Tommy herauszubekommen. Doch ohne Erfolg. Nach der Schule verfolgen die Doo-Dudes Tommy bis zu dessen Haus. Sie beobachten ihn durch das Fenster und sehen, wie er beginnt, die Mütze auszuziehen.
5 Mittwoch: Fragen	31–35	Die Doo-Dudes konnten Tommy nicht ohne Mütze sehen. Doch Doogal fällt ein neuer Plan ein: Im Unterricht gehen alle Kinder der Klasse nacheinander an Tommys Platz vorbei und fragen ihn, warum er die Mütze trägt. Doch Tommy schweigt.
6 Mittwoch: Antworten	37–43	Am nächsten Tag hat Cherise einen neuen Plan, um Tommys Geheimnis zu lüften: Alle Kinder der Klasse schreiben mögliche Gründe auf, warum Tommy die Mütze tragen könnte. Cherise will am Freitag, wenn Referate gehalten werden, alle Zettel vorlesen, so lange, bis Tommy genug hat und ihnen den wahren Grund nennt.
7 Donnerstag: Der Angriff	45–50	In der Pause schlagen die Jungen aus der 5. Klasse Tommy und wollen ihm die Mütze vom Kopf ziehen. Seine Mitschüler aus der 4SV kommen ihm zu Hilfe, doch gegen die älteren Jungen sind sie machtlos. In letzter Sekunde kommt ihnen die Pausenaufsicht Ms Twetwe zu Hilfe.
8 Donnerstag, sechste Stunde	51–57	Der Rektor ist entsetzt über die Schlägerei und weint. Ms Venter geht mit Tommy ins Krankenzimmer. Währenddessen ergreift Cherise in der Klasse das Wort. Sie möchte Tommy nun nicht mehr dazu drängen, sein Geheimnis zu lüften. Wenn er soweit sei, solle er ihnen von sich aus sagen, warum er die Mütze trägt. Die ganze Klasse ist damit einverstanden. Dann haben die Doo-Dudes eine brillante Idee.
9 Freitag: Die Überraschung	59–66	Alle Schüler der 4SV tragen heute eine Kopfbedeckung. Ms Venter ist sprachlos, Tommy freut sich darüber. In der Pause spielen alle mit Kopfbedeckung Fußball, es macht ihnen viel Spaß und sie fühlen sich, dank ihrer Kopfbedeckung, stark. Tommy bittet Dumisani, der Klasse während der Schülerreferate zu erzählen, warum er die Mütze trägt. Er erzählt den Doo-Dudes sein Geheimnis.
10 Freitag, Schülerreferate – Teil 1	67–72	Die Referate beginnen und Mpho hält das erste Referat. Dabei verhält sie sich ganz anders als sonst. Dumisani glaubt, dass die Maske sie mutiger macht.
11 Freitag, Schülerreferate – Teil 2	73–78	Dumisani erzählt bei seinem Referat Tommys Geschichte: Tommy musste häufig umziehen und die Schule wechseln. Er hat sich als Neuer immer schlecht gefühlt. Als er in Schottland neu an der Schule war, trug er am ersten Tag eine Skimütze, da es Winter war. Mit dieser Mütze hat er sich viel besser gefühlt als sonst. Deswegen hat er Mr Rasool gefragt, ob er an der Colliery Primary School auch eine Mütze tragen dürfe. Die Klasse kann dies gut nachvollziehen. Doch im ersten Moment wirken sie ein wenig enttäuscht von dieser unspektakulären Erklärung. Doch dann heizt Dumisani ihnen wieder ein und fordert Tommy auf, seine Mütze auszuziehen. Als Tommy die Mütze schließlich auszieht, sind alle zunächst sprachlos. Denn Tommy ist ein Mädchen. Dumisani beginnt Thomasina anzufeuern und alle Kinder der 4SV rufen ihren Namen und jubeln ihr zu.
Nachwort	81	Die Autorin erzählt von ihrer Kindheit zur Zeit der Apartheid und betont, dass sie froh und dankbar sei, dass sich mit Nelson Mandela die Zeiten in Südafrika gewandelt hätten.

i.5 THEMATISCH VERWANDTE MEDIEN

Thematisch verwandte Romane und Erzählungen für Kinder und Jugendliche

- Veillères, Claire: **Wir leben in Südafrika.** München: Knesebeck, 2007.
  Drei Kinder zwischen 10 und 12 Jahren erzählen von ihrem Leben und ihrem Alltag in ihrer Heimat Südafrika.
- St John, Lauren: **Die weiße Giraffe.** Weinheim/Basel: Gulliver, 2013.
  Roman über ein Mädchen, das nach dem Tod ihrer Eltern zu ihrer Großmutter nach Afrika zieht.
- Wildner, Martina: **Das schaurige Haus.** Weinheim/Basel: Beltz & Gelberg, 2012.
  Roman für Kinder und Jugendliche zum Thema Neusein/Fremdsein.
- Brandt, Heike: **Katzensprünge.** Weinheim/Basel: Beltz & Gelberg, 2013.
  Roman für Kinder und Jugendliche zum Thema Freundschaft in einer vielfältigen Gesellschaft.
- Stehle, Katrin: **Nur ein Teil von mir.** Weinheim/Basel: Gulliver, 2013.
  Roman zum Thema Identitätssuche.

Fachliteratur für Lehrer

- Marx, Christoph: **Südafrika, Geschichte und Gegenwart; Ländergeschichte.** Stuttgart: Kohlhammer, 2012.
- Löwer, Hans-Joachim: **Mandelas schweres Erbe: Südafrika am Scheideweg.** München: Herbig, 2010.

Film

- **Südafrika-Maus.** Deutschland 2009, ca. 27 Minuten, WDR.
  Für Kinder. Beschreibt Familienalltag in Südafrika und gibt Informationen zur Geschichte Südafrikas.
- **Geschichte Südafrikas: 1913–2010.** Deutschland 2010, ca. 30 Minuten, WDR.
  Dokumentation über die neuere Geschichte Südafrikas.
- **Alltag in Johannesburg.** Deutschland 2009, ca. 15 Minuten, WBF.
  Vergleichende Darstellung von unterschiedlichen Lebenswelten in Johannesburg. Zusatzmaterial: u. a. ergänzende Filmclips, Schaubilder, Texte, Fotos, Diagramme und Arbeitsblätter.

Spielfilm

- **Invictus – Unbezwungen,** USA 2010.
  Film darüber, wie Nelson Mandela sich kurz nach dem Ende der Apartheid gemeinsam mit dem Mannschaftskapitän des südafrikanischen Rugby-Teams für ein tolerantes und solidarisches Südafrika einsetzt.

Internetseiten

- **http://liportal.giz.de/suedafrika/geschichte-staat/**
  Seite der GIZ, Informationen über Gesellschaft, Wirtschaft und Entwicklung, Geschichte, Staat und Alltag in Südafrika.
- **http://www.planet-wissen.de/laender_leute/suedafrika/geschichte_suedafrikas/index.jsp**
  Informationen über die Geschichte Südafrikas, Videos und Linksammlung zu Südafrika.
- **http://www.suedafrika.org/home.html**
  Informationen über Land und Bewohner sowie Politik Südafrikas.
- **www.schule-ohne-rassismus.org**
  Europäische Jugendinitiative und Schulnetzwerk in Deutschland. Schulen können sich um den Titel »Schule ohne Rassismus« bewerben und verpflichten sich damit selbst dazu, gegen Diskriminierung vorzugehen und sich für ein respektvolles Miteinander an ihrer Schule einzusetzen.

FIGUREN

i.b

Tommy Mütze

Ort: Colliery Primary School in einer Stadt in Südafrika

Erwachsene an der Schule
- Rektor Mr. Rasool alias Mr. Mosi: Leiter Colliery Primary School, weinerlich, predigt Güte und Hilfsbereitschaft.
- Lehrerin Ms. Venter alias Drachendame: Klassenlehrerin der 4SV, ermahnt ihre Klasse oft zu Ruhe.
- Lehrerin Ms. Twetwe: hat als einzige Lehrerin an der Schule keinen Alias-Namen, strengste Lehrerin der Schule.
- Lehrer Mr. Abrahmse alias Habt-ihr-euch-die-Hände-gewaschen: beschwert sich viel über Schüler.
- Hausmeister Mr. Plaatjes alias Rakete, alias Cape Canaveral: arbeitet schnell.
- Krankenschwester Ms. Modise alias die Königin der Keime.

Schüler der 4SV
- Tommy alias Mütze: kommt neu an die Schule. Ist schon oft umgezogen. Trägt immer eine Mütze. Wird von den Mitschülern schnell akzeptiert. Entpuppt sich am Ende der Woche als Mädchen.
- Doogal alias Doo-Dudes, alias Big Ds, alias Duo Desaster, alias 2 Ds: der Ich-Erzähler des Buchs. Er und sein bester Freund Dumisani sind unzertrennlich.
- Dumisani alias Doo-Dudes, alias Big Ds, alias Duo Desaster, alias 2 Ds: Doogals bester Freund. Sehr redegewandt.
- Cherise alias Cherimmerbesserwisserrise: nicht auf den Mund gefallen. Kann sich gegenüber den Jungen gut durchsetzen.
- Obakeng alias Captain Giraffe: groß und sportlich.
- Mpho alias Mäuschen: sehr still und schüchtern.
- Donna-Kyle alias Köpfchen, alias Wer-wird-Millionär: sehr intelligent.
- Billy de Beer alias Sternedeuter: sehr verträumt.
- Thandi: sehr laut.
- Hanna: sehr laut.
- Lucky alias Milan: spielt gut Fußball.
- Riyaad alias Fels, alias Champion Wrestler, alias der stärkste Junge der Schule: ist sehr stark.
- John Eksteen Clyton alias JECO.
- Moketsi alias Terminator.
- Xavier alias X-Man.

Schüler der 5. Klasse: sind für die Viertklässler Fieslinge, nehmen ihnen regelmäßig den Ball weg, ärgern sie zum Spaß, verprügeln Tommy.

Schüler der 6. Klasse: sind für die Viertklässler »Snobs«.

Lesezeichen und Zeilometer

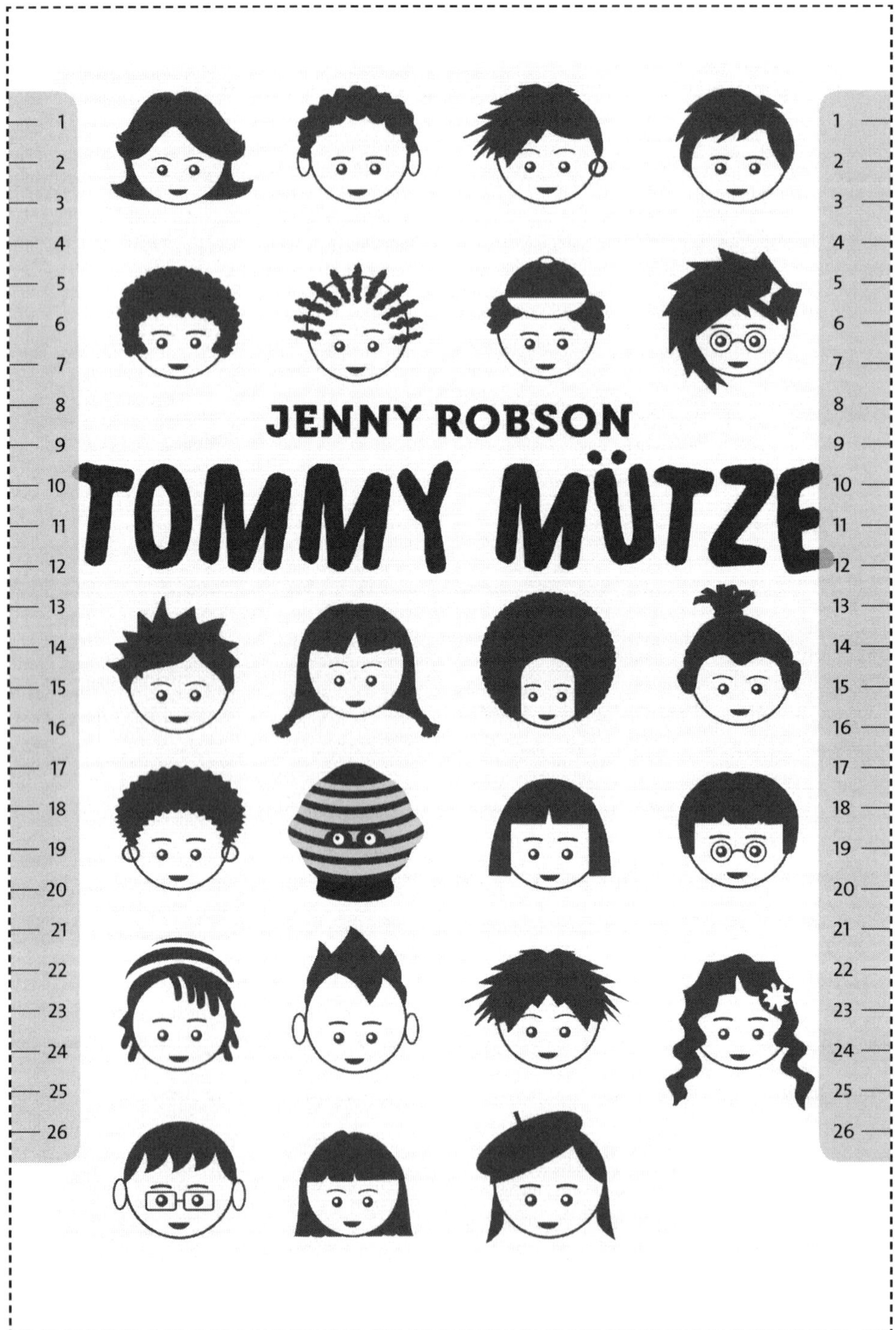

Dieses Zeilometer wird dein Lesezeichen sein. Es hilft dir, einzelne Textstellen zu finden. Lege dazu einfach das Zeilometer an den oberen Buchrand – die Zeilen zeigen dir dann die Zeilennummer an. Du kannst dein Zeilometer auch individuell gestalten.

»Ziemlich schräg, oder nicht?«

Die Klasse bekommt einen neuen Schüler. Nicht nur die Doo-Dudes sind sprachlos, als sie Tommy zum ersten Mal sehen …

1. Mr Rasool trat ein – mit einem Kind im Schlepptau: »*Kinder, das ist Tommy MacAdam*«.

a) Was denkt Doogal, als er Tommy das erste Mal sieht?

____

b) Und was denkt Tommy wohl beim Betreten der neuen Klasse?

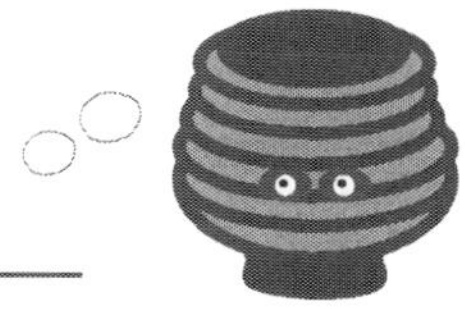

____

2. Merkwürdig – der Neue trägt eine Mütze, die das Gesicht verdeckt!

a) Doogal und Dumisani haben erste Ideen, was unter Tommys Mütze zu sehen sein könnte. Was vermuten die beiden? Kreuze die richtigen Antworten an. Schreibe hinter die richtigen Antworten die Textstelle (Seiten- und Zeilenzahl).

Vermutung	Richtig oder falsch?	Textbezug
1) Sie vermuten, dass Tommy ein Feuermal im Gesicht hat.		S.____/Z.____
2) Sie vermuten, dass Tommy eine sehr große Nase hat.		
3) Sie vermuten, dass Tommy von einem Unfall Narben im Gesicht hat.		
4) Sie vermuten, dass Tommy sich bei einer Feuerkatastrophe das Gesicht verbrannt hat.		

b) Und was denkst du: Warum trägt Tommy eine Mütze? ______________________

____

3. Die Doo-Dudes hoffen, dass Tommy beim Mittagessen die Mütze abnehmen wird. Erzähle aus Doogals Sicht, was beim Mittagessen passieren könnte. Schreibe auf ein Extrablatt und hefte deine Erzählung anschließend in deinen Leseordner.

Tipp

Du könntest so beginnen:

Das Mittagessen

Gleich nachdem es zur Pause geklingelt hatte, liefen Dumisani und ich zu Tommy. Wir wollten ihn mit zum Mittagessen nehmen. Da würde er ja wohl seine Mütze abnehmen! Tommy lief mit uns zum Pausenraum. Dort …

»Du kannst uns Doo-Dudes nennen«

In der Pause wird Tommy ja wohl seine Mütze ablegen – oder etwa doch nicht?

1. Was passiert in der Pause? Vervollständige die Sätze in deinem Heft oder Leseordner.

a) Dumisani und Doogal schlendern mit Tommy über den Pausenhof, weil ______

b) Sie stellen Tommy viele Fragen, aber sie fragen nicht ______

c) Als Tommy sein Tomatensandwich rausholt, zieht er die Mütze nicht ab, sondern ______

d) Obakeng ruft Doogal und Dumisani zum Fußballspiel und fordert sie auf, ______

e) Es stellt sich heraus, dass Tommy ein super Spieler ist, deswegen möchte Obakeng, ______

f) Dumisani und Doogal kündigen Cherise an, dass sie ______

g) Auch die Schüler aus den anderen Klassen schauen Tommy neugierig an, sogar ______

2. Dumisani und Doogal sagen Tommy, dass er sie »Doo-Dudes« nennen könne. Warum werden sie wohl so genannt? Schreibe deine Erklärung auf.

______

Tipp: Im Englischen bedeutet das Wort »Dude« so viel wie »Kumpel«.

3. Doogal und Dumisani sind beste Freunde.

a) Was mag Doogal an seinem besten Freund gerne? Schreibe die Antwort auf. Schreibe auch die Textstelle dahinter (Seiten- und Zeilenzahl).

______

b) Und deine beste Freundin/dein bester Freund? Was magst du an ihr/ihm besonders gerne?

An meiner besten Freundin/an meinem besten Freund mag ich besonders gerne, dass ______

______

______

Tipp: **Hilfe zu Aufgabe 3:**
Lies dazu auch noch einmal auf den Seiten 8 und 9 nach.

»Okay, Bru?«

Auf dem Pausenhof starren alle Kinder Tommy an: Warum trägt der Neue bloß eine Mütze?

1. Die Kinder aus der Klasse 4SV haben sehr ungewöhnliche Namen.

a) Finde sechs Namen der Kinder in diesem Suchsel.

M	L	A	G	O	O	D	V	Q	O	L	W	Y	N	O
O	R	H	H	B	Z	H	A	B	B	R	J	N	H	F
K	I	D	D	G	V	Z	A	A	A	M	U	Q	S	S
E	K	D	I	R	G	K	I	S	Y	W	W	F	E	L
T	L	R	H	S	E	Y	M	C	D	I	Q	H	M	N
S	S	V	Z	N	U	X	I	M	H	R	R	F	R	T
I	J	C	G	J	U	Z	H	Z	N	E	D	Y	Y	J
X	X	K	F	Y	J	S	Q	V	O	V	R	I	T	A
C	W	J	T	H	N	A	W	T	S	B	M	I	C	D
K	S	X	T	R	X	R	O	B	L	E	Y	W	S	M
V	Y	E	X	R	C	Q	W	G	L	Q	D	X	N	E
T	C	G	Y	I	D	U	M	I	S	A	N	I	V	Y
G	J	I	X	M	S	D	E	V	K	E	V	S	J	V
O	R	F	G	R	J	L	A	K	P	V	T	K	X	D
N	P	G	T	W	A	X	F	N	G	S	G	G	X	O

b) Notiere die Namen der Kinder hier: ______________________

____

2. Die Namen der Kinder klingen für uns ungewöhnlich, weil die Erzählung in Südafrika spielt. Was weißt du über Südafrika?

a) Notiere deine Ideen hier.

b) Tauscht euch in der Gruppe darüber aus, was ihr schon über Südafrika wisst.

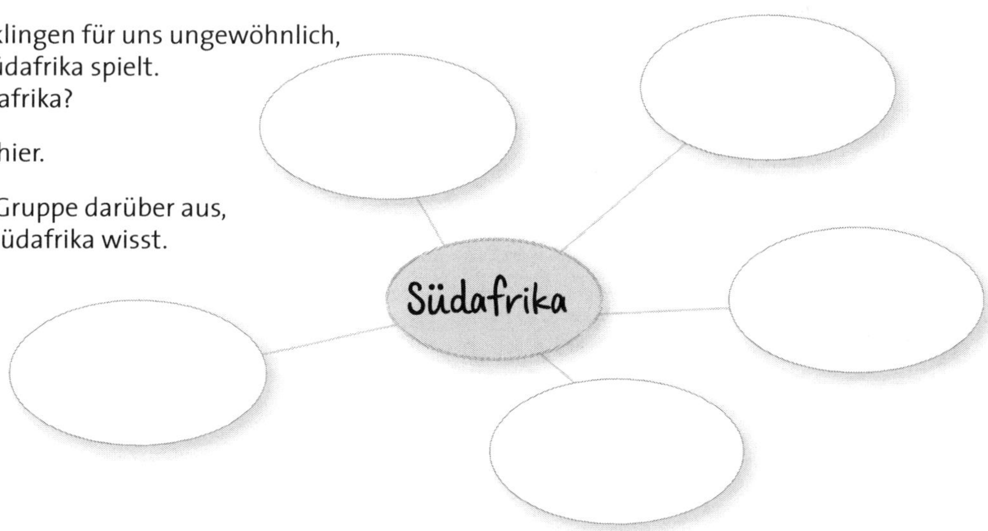

Tipp

Hilfe zu Aufgabe 2:
Lies noch einmal auf der Seite 15 nach.

für Profis

Erstelle einen Ländersteckbrief zu Südafrika. Informationen findest du z. B. hier:

www.helles-koepfchen.de/artikel/318.html

Name des Landes:
Größe:
Einwohnerzahl:
Hauptstadt:
Farben und Bedeutung der Flagge:
Sprachen:
Landschaft:
Tierwelt:
Berühmte Personen:

3. Tommys erster Tag an der Colliery Primary School ist nun vorbei. Am Abend schreibt Tommy in sein Tagebuch. Wie hat Tommy wohl diesen ersten Tag erlebt, was denkt und fühlt Tommy? Schreibe den Tagebucheintrag auf ein Extrablatt.

Du könntest so beginnen:

13.1.2014

Liebes Tagebuch,

heute war mein erster Schultag. Der Rektor hat mich in meine neue Klasse begleitet. Alle haben mich angestarrt, als wir die Klasse betreten haben. Das war ...

Ich sitze neben ... Später in der Pause dann ...

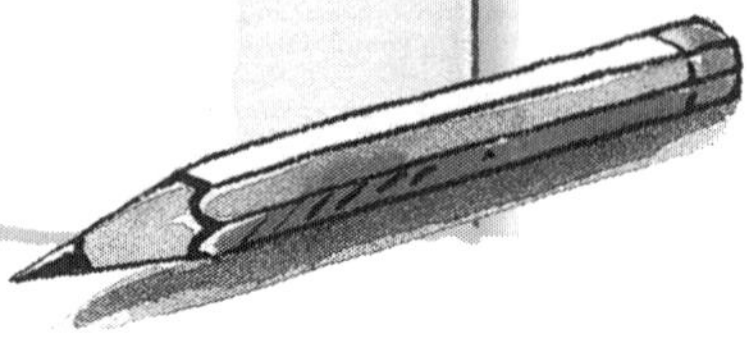

»Das berühmte Duo Desaster!«

Dienstag in der Mathestunde:
Ob Cherise heute wohl mehr aus Tommy herausbekommen wird?

1. Was passiert vor und während der Mathestunde? Welche Aussagen stimmen (r), welche sind falsch (f), welche kommen im Text nicht vor (n)? Kreuze an. Schreibe die Textstellen dahinter (Seiten- und Zeilenangabe).

	Aussagen	r	f	n	Seite/Zeile
a)	Dumisani ist noch nicht fertig, als Doogal ihn morgens abholen kommt.	○	○	○	
b)	Cherise will von den Doo-Dudes wissen, warum Tommy die Mütze trägt.	○	○	○	
c)	Tommy hat Dumisani erklärt, warum er die Mütze trägt.	○	○	○	
d)	Tommy kommt heute mit einer dunkelblauen Skimütze in die Schule.	○	○	○	
e)	Ms Venter kommt zu spät in den Unterricht.	○	○	○	
f)	Während des Matheunterrichts reden die Doo-Dudes viel miteinander und werden von Ms Venter ermahnt.	○	○	○	

2. Cherise nennt Doogal und Dumisani »Duo Desaster«. Warum benutzt sie diesen Namen? Was denkt sie wohl über die beiden?

Also Doogal und Dumisani sind wirklich ein Duo Desaster, immer ____________________

____

3. Dumisani und Doogal mögen es gar nicht gerne, wenn sie »Duo Desaster« oder »2 Ds« genannt werden.

a) Welche beiden Namen mögen sie lieber? ____________________

b) Was glaubst du: Warum gefallen ihnen diese beiden Namen wohl besser?

____

____

4. Sprecht darüber: Habt ihr auch Spitznamen? Welche davon mögt ihr? Welche davon gefallen euch nicht? Welche Spitznamen hättet ihr gerne?

»Zeit für Plan B!«

Cherise gibt nicht auf und will unbedingt hinter Tommys Geheimnis kommen. Und auch die Doo-Dudes haben schon einen neuen Plan …

1. Doogal und Dumisani verfolgen Tommy auf dem Heimweg. Was passiert bei dieser geheimen Verfolgung? Zeichne ein Comic zu dieser Textstelle.

Tipp: Lies noch einmal auf den Seiten 29–30 nach.

Tipp: Überlege, welche Stellen du besonders wichtig findest. Denke auch an Sprech- und Gedankenblasen sowie Erzähltexte für die einzelnen Bilder. Geräusche kannst du in Comicsprache (z. B. ÄCHZ, KNARRRZZ, BUUUM) ausdrücken.

Vorschlag für die Bilder:
- Tommy läuft die Straße entlang, Doogal und Dumisani verstecken sich hinter einer Hecke.
- Tommy geht ins Haus, Doogal und Dumisani verstecken sich.
- Tommy spricht im Haus mit Mutter.
- Doogal und Dumisani schauen durch das Fenster in Tommys Haus.

2. Tommys Mutter empfängt Tommy zu Hause und hat eine Menge Fragen.

a) Was antwortet Tommy wohl? Schreibe in deinen Leseordner, was Tommy erzählt. Überlege auch, wie das Gespräch der beiden weitergehen könnte.

Mutter: Und, wie war die Schule heute, mein Schatz?

Tommy: ...

Mutter: Hast du schon jemanden gefunden, mit dem du dich gut verstehst?

Tommy: ...

Mutter: Das war das letzte Mal, dass wir umgezogen sind, versprochen. Papa hat hier eine feste Anstellung.

Tommy: ...

Mutter ...

Tommy: ...

b) Übe anschließend mit einem Partner, das Gespräch zwischen Tommy und der Mutter vorzutragen. Spielt das Gespräch dann der Klasse vor.

3. Die Doo-Dudes beobachten, wie Tommy beginnt, die Mütze auszuziehen. »Dumisani und ich hielten den Atem an. Schon wieder.«

Was passiert nun? Erzähle, wie die Situation weitergeht. Schreibe mindestens acht Sätze auf ein Extrablatt. Hefte das Blatt dann in deinen Leseordner.

»Warum? Darum!«

Die Klasse 4SV versucht nun mit Plan C, Tommy das Geheimnis zu entlocken …

1. Was denkt Tommy, als ihn alle Mitschüler nacheinander fragen, warum er die Mütze trägt? Schreibe auf, was Tommy denkt und fühlt. Schreibe in der Ich-Form.

Jetzt hat mich schon die Fünfte gefragt, warum ich die Mütze trage …

____

____

____

2. Lest das Kapitel noch einmal gründlich und spielt es dann in einem Rollenspiel nach. Folgende Personen braucht ihr dazu: Doogal, Dumisani, Cherise, Tommy, Ms Venter, Donna-Kyle, Hannah, Thandi, Mpho und Obakeng.

Tipp: Besetzt die Figur Tommys doppelt: Ein Schauspieler spielt Tommy und **tut**, was Tommy tut, und sagt, was Tommy **sagt**. Der andere Schauspieler steht hinter Tommy und sagt, was Tommy **denkt**. Das nennt man auch »Alter-Ego-Technik«.

3. Du erfährst in den ersten Kapiteln schon eine Menge über Doogal, Dumisani, Tommy und Cherise. Lege für die vier Kinder jeweils einen Steckbrief auf einem Extrablatt an. Hefte die Steckbriefe anschließend in deinen Leseordner.

Name:

Spitznamen/Alias-Namen:

Warum hat er/sie diesen Spitznamen/diese Spitznamen?

Aussehen und besondere Merkmale: (z. B Größe, Frisur, besondere Kleidung)

Familie: (z. B. Arbeit der Eltern, Wohnort, Geschwister …)

Freunde:

Eigenschaften: (z. B. neugierig, vorlaut …)

Vorlieben: (z. B. Sportart, ein Fach …)

In den nächsten Kapiteln erfährst du noch mehr über die Kinder. Ergänze dann die Steckbriefe.

»Mädchen sind viel klüger als Jungs!«

Cherise heckt einen genialen Plan aus. Ob sie dieses Mal endlich Erfolg hat?

1. Die Doo-Dudes nennen Cherise manchmal »Cherimmerbesserwisserise«. Warum tun sie das? Was denken die Doo-Dudes wohl über Cherise?

Also, Cherise ist wirklich ______________________________

____

____

2. Wie verstehen sich die Doo-Dudes und Cherise? Stellt in einem Standbild dar, wie ihr Verhältnis zueinander ist. Zeichnet oder fotografiert dieses Standbild für euren Leseordner ab.

> **Tipp** Achtet beim Erstellen des Standbildes auf eure Körpersprache (Gestik) und euren Gesichtsausdruck (Mimik). Beides soll ausdrücken, wie die Figuren zueinander stehen und was sie voneinander halten. Wenn sich Figuren mögen, sollten sie zum Beispiel näher beieinander stehen und sich einander zuwenden. Ihr Gesichtsausdruck sollte dann freundlich sein.

3. Cherise zwingt die Doo-Dudes zu sagen, dass Mädchen viel klüger seien als Jungen. Sprecht darüber: Stimmt das? Gibt es Sachen, die Mädchen besser können als Jungen und umgekehrt?

4. »Typisch Junge! Typisch Mädchen!« Das hast du bestimmt auch schon einmal gehört. Was ist für dich »typisch für Jungen« und was ist »typisch für Mädchen«?

a) Erstelle zwei Collagen: Eine Collage zum Thema: »Typisch Junge!« Und eine Collage zum Thema: »Typisch Mädchen!« Stelle darin Sachen (z. B. Hobbys, Vorlieben, Farben, Talente, Interessen ...) dar, die scheinbar nur typisch für Jungen **oder** nur typisch für Mädchen sind.

b) Stellt euch anschließend eure Collagen gegenseitig vor. Sprecht dann darüber: Sind die dargestellten Sachen wirklich nur typisch für Jungen oder Mädchen?

für Profis

Vorstellungen im Wandel

Die Vorstellung, wie eine Frau sein sollte, hat sich in Deutschland in den letzten Jahrhunderten sehr stark gewandelt. Recherchiere und vergleiche: Welche Eigenschaften und Fähigkeiten sollten Frauen früher haben? Welche Rechte hatten sie? Welche Eigenschaften und Fähigkeiten brauchen Frauen heutzutage? Welche Rechte haben sie heute?

> **Tipp** http://www.helles-koepfchen.de/artikel/2957.html

»Der Angriff«

Auch die Fieslinge aus der 5 NM wollen wissen, was unter Tommys Mütze steckt. Ihre Neugier bekommt Tommy schmerzlich zu spüren …

1. Was passiert in dem 7. Kapitel *Donnerstag: Der Angriff*? Bringe die Satzstreifen in die richtige Reihenfolge. Wenn du das Lösungswort erhältst, weißt du, dass deine Reihenfolge richtig ist. Klebe dann die Satzstreifen auf ein Extrablatt und hefte es in deinen Leseordner.

a) Doch dann erscheint Cherise mit Ms Twetwe. **I**

b) Dann müssen die Schüler in Gruppen ein Arbeitsblatt über Dampfmaschinen lösen. **I**

c) Die Jungen aus der 4SV eilen Tommy zur Hilfe. Aber gegen die Fieslinge haben sie keine Chance. **E**

d) Der Schultag beginnt wie jeder Donnerstag an der Colliery Primary School mit einer großen Schülerversammlung. **G**

e) Ms Twetwe beendet den Streit und schickt alle Schüler zum Rektor. **T**

f) Nach der Schülerversammlung schreibt die Klasse 4SV ein Diktat. **E**

g) Dort versuchen die Fünftklässler, Tommy die Mütze vom Kopf zu ziehen. **H**

h) Mr Rasool hält vor den Kindern eine Rede. Er spricht über das Gütigsein. **E**

i) Die Fieslinge aus der 5 NM machen sich während der Schülerversammlung über Tommy lustig. **M**

j) In der Pause schleifen die Fieslinge aus der 5 NM Tommy zum Gebüsch hinter den Schuppen. **N**

2. Tommy wird von den Fieslingen aus der 5 NM erst geärgert und dann sogar verprügelt.

a) Hast du mit älteren Kindern oder Jugendlichen schon einmal eine ähnliche Erfahrung gemacht wie Tommy? Wie hast du dich dabei gefühlt? Tausche dich mit einem Partner darüber aus.

b) Überlegt gemeinsam: Wie solltet ihr euch verhalten, wenn Ältere euch oder eine Mitschülerin/ einen Mitschüler ärgern oder bedrängen?

c) Übt ein Rollenspiel dazu ein: Ein jüngeres Kind wird von Jugendlichen geärgert. Wie schafft es das Kind, erfolgreich aus dieser Situation herauszukommen? Wer kann dem Kind wie helfen?

»Eine Schlägerei? Und das hier?«

Tommy muss verarztet werden. Währenddessen haben die Doo-Dudes schon eine neue brillante Idee …

1. Mr Rasool trägt den Spitznamen Mr Mosi. Beantworte die folgenden Fragen:

a) Von welchem Wort kommt der Name »Mr Mosi« und was bezeichnet das Wort eigentlich?

____

b) Warum wird Mr Rasool so genannt?

____

2. Mr Rasool behält nach der Schlägerei die Jungen aus der 5 NM noch in seinem Büro und hält ihnen einen Vortrag.

a) Was sagt Mr Rasool wohl zu ihnen? Schreibe seinen Vortrag auf ein Extrablatt.

> **Tipp**
> Denke an seinen Spitznamen. Was wird er wohl sagen und wie wird er es sagen?
> Du könntest so beginnen:
> *»Mr Mosi (spricht leise und weinerlich): Eine Schlägerei hier an der Colliery Primary School? Also Jungs, ich bin wirklich …«*

b) Wenn Mr Rasool nun den Spitznamen Mr Strong hätte, wie würde er dann mit den Fünftklässlern sprechen? Schreibe auch diesen Vortrag auf ein Extrablatt.

> **Tipp**
> Du könntest so beginnen:
> *»Mr Strong (schreit wütend): Setzt euch sofort hin! Was habt ihr euch dabei gedacht! Ihr …«*

c) Tragt anschließend beide Standpauken in der Klasse vor. Achtet darauf, dabei so zu sprechen, dass es zu Mr Mosi und zu Mr Strong passt (z.B. weinerlich, leise, klagend und wütend, laut, aggressiv).

d) Sprecht anschließend darüber: Wie wirken die verschiedenen Vorträge von Mr Mosi und Mr Strong auf euch?

3. Welche Eigenschaften sollte ein guter Schulrektor/eine gute Schulrektorin haben?

a) Wähle drei bis fünf Eigenschaften aus und kreise sie ein. Du kannst auch selbst welche finden.

freundlich hilfsbereit verständnisvoll streng fair liebevoll
aggressiv humorvoll gelassen gut organisiert stark teamfähig

b) Sprecht in der Klasse darüber und begründet eure Meinung.

»Ein ziemlich schräger Ort«

Die Klasse 4SV verwandelt sich am Freitag in einen wirklich ziemlich schrägen Ort …

1. Am Freitag kommen alle Schüler der Klasse 4SV mit einer Kopfbedeckung in die Schule. Was denkt Tommy wohl bei diesem Anblick? Schreibe Tommys Gedanken in deinen Leseordner.

2. So ein Durcheinander! Ms Venter kann die einzelnen Schüler gar nicht mehr erkennen. Hilf du ihr. Wer steckt unter welcher Kopfbedeckung? Verbinde die Namen mit der richtigen Kopfbedeckung.

Doogal ●	● blaue Mütze
Dumisani ●	● Hand- oder Geschirrtuch
Tommy ●	● weiße Sturmhaube
Obakeng ●	● Halstuch
X-Man ●	● Soldatensturmhaube
Johan Eksteen Clayton ●	● schwarzer Beanie
Cherise ●	● Nylonstrumpfhose
Billy de Beer ●	● leuchtrosa Skimütze
Donna-Kyle ●	● rosa-lila karierter Teewärmer mit Blumen

3. Wie würde deine Kopfbedeckung aussehen? Entwerfe und gestalte deine persönliche Mütze auf einem Extrablatt.

4. Nicht nur Donna-Kyle gefällt es, inkognito (also unerkannt) unterwegs zu sein. Was gefällt ihr und den Fußballern daran, nicht erkannt zu werden?

Donna-Kyle: Ich finde es gut, dass ______________________________

____

Fußballer: Uns gefällt, dass ______________________________

____

5. Sprecht darüber: In welchen Situationen fändet ihr es gut, inkognito zu bleiben?

Tipp

Hilfe zu Aufgabe 4:
Lies noch einmal die Seiten 62-63.

»TO-MMY MÜ-TZE!«

Tommy nimmt die Mütze ab. Die ganze Klasse 4SV ist sprachlos …

1. Warum hat Tommy die Mütze getragen? Schreibe den Satz zu Ende.

Tommy hat die Mütze getragen, weil ______________________________

____

2. Wie hat Tommy sich an den einzelnen Tagen und in den einzelnen Situationen gefühlt?

a) Zeichne auf ein Extrablatt eine Gefühlskurve für Tommy.

b) Schreibe in die Gefühlskurve zu jeder Textstelle ein Adjektiv, das Tommys Gefühle genauer beschreibt. Male dann die Abschnitte in Farben aus, die zu den jeweiligen Gefühlen Tommys passen.

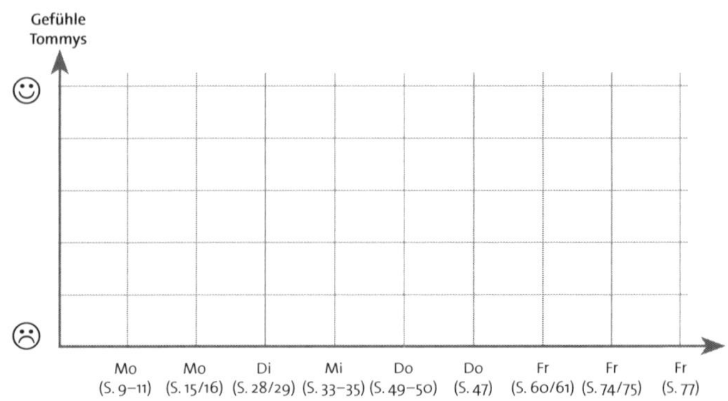

Tipp

Folgende Adjektive könntest du benutzen:
verzweifelt • traurig • allein • einsam • unsicher • genervt • ängstlich • aufgeregt • gut • zufrieden • fröhlich • aufgehoben • glücklich • sicher • angenommen • entspannt

3. Betrachte Tommys Gefühlskurve genau: Erkläre in deinen Worten, was sich in der Woche für Tommy verändert hat. Warum ist Tommy ausgerechnet jetzt bereit, die Mütze abzulegen?

____

____

4. Die Klasse 4SV ist ein super Team: Sie halten alle zusammen und unterstützen Tommy. Das ist bei euch hoffentlich genauso!

a) Entwerft für **eure** Klasse oder Lerngruppe ein Teamlogo.

Tipp

Überlegt euch ein Zeichen oder ein Bild, das Zusammenhalt ausdrückt, zum Beispiel viele Hände, die einen Kreis bilden, oder ein Sportteam, das gemeinsam kämpft. Zeichnet dann dieses Bild und fügt darin euren Klassen-/Gruppennamen ein.

b) Findet auch einen gemeinsamen Schlachtruf für eure Klasse.

Tipp

Mögliche Schlachtrufe könnten sein:
- »Einer für alle – alle für einen – das sind wir, die Klasse 4!«
- »Die 6b stoppt niemand – denn zusammen sind wir stark!«

Hintergrundinformationen: Südafrika

Lage: Südafrika ist ein Staat, der an der Südspitze Afrikas liegt.

Hauptstadt: Pretoria

Bevölkerung: 51,77 Millionen Einwohner (Stand 2011). In Südafrika leben Menschen ganz unterschiedlicher ethnischer Herkunft. Heute leben dort ca. 79,2 % Schwarze, 8,9 % Weiße, 8,9 % »Coloreds« (»Mischlinge«) und 2,5 % Menschen asiatischer Herkunft. (http://allafrica.com/stories/201210300770.html?page=2)

Sprachen: Hier werden viele verschiedene Sprachen gesprochen, z. B. Englisch, Afrikaans, isiZulu, Sepedi, Sesotho, Setswana und isiXhosa.

Apartheid: Der Begriff »Apartheid« kommt aus dem Afrikaans und bedeutet »Getrenntheit«. Bezeichnet wird damit die Zeit in Südafrika (Anfang des 20. Jahrhunderts bis etwa 1994), in der die Rassentrennung vom Staat gefordert und organisiert wurde. In Südafrika hatten zur Zeit der Apartheid weiße Menschen viele Rechte und Vorteile, Menschen anderer Hautfarbe wurden hingegen unterdrückt.

Viele Gegner der Apartheid wurden verhaftet oder umgebracht. Ab 1990 begann sich die Politik in Südafrika zu ändern: Gegner der Apartheidpolitik wie Nelson Mandela wurden aus dem Gefängnis entlassen, politische Parteien, die gegen die Apartheid gekämpft hatten, wurden zugelassen, und 1994 fanden die ersten demokratischen Wahlen statt. Nelson Mandela wurde 1994 der erste schwarze Präsident des neuen Südafrikas.

Schule in Südafrika: In Südafrika herrscht Schulpflicht, ab sieben Jahren müssen alle Kinder in die Schule gehen. Von der 1. bis zur 6. Klasse besuchen sie eine Primary School (Grundschule). Alle Schüler/innen müssen eine Schuluniform tragen. Anschließend besuchen Schüler/innen eine High School (Sekundarschule).

Projektidee:

Informiert euch weiter über Südafrika. Hier findet ihr interessante Informationen über:
- → Das Land Südafrika und seine Bewohner: www.wdrmaus.de/sachgeschichten/sachgeschichten/suedafrika.php5
- → Die Zeit der Apartheid: www.wasistwas.de/natur-tiere/die-themen/artikel/link//83ba3584a2/article/apartheid-rassentrennung-in-suedafrika.html
- → Nelson Mandela: www.helles-koepfchen.de/nelson-mandela/portrait.html

Was ihr über Südafrika gelernt habt, könnt ihr dann anderen vorstellen. Ladet eure Eltern, Geschwister und andere Schüler/innen zu einem Südafrika-Nachmittag ein.

Ideen für einen Südafrika-Nachmittag:

- → Das Buch »Tommy Mütze« als Theaterstück vorspielen
- → Eine Wandzeitung ausstellen, in der ihr über Südafrika informiert
- → Ein Sprachquiz durchführen (z. B. Wörter aus dem Afrikaans erraten lassen)
- → Südafrikanische Spiele ausprobieren
- → Das Klassenzimmer dekorieren (z. B. mit der südafrikanischen Flagge oder Bildern von Tieren und Pflanzen aus Südafrika)
- → Typisches Essen aus Südafrika anbieten
- → ...

Lösungen und Lösungsvorschläge

K.2

2. richtig:
   1) S. 11, Z. 4/5
   4) S. 11 Z. 7/8

K.3

1. a) Dumisani und Doogal schlendern mit Tommy über den Pausenhof, weil sie sehen wollen, wie er die Mütze auszieht. Dumisani und Doogal schlendern mit Tommy über den Pausenhof, weil Mr Rasool sie gebeten hat, nett zu Tommy sein.
   b) Sie stellen Tommy viele Fragen, aber sie fragen nicht, warum er die Mütze trägt.
   c) Als Tommy sein Tomatensandwich rausholt, zieht er die Mütze nicht ab, sondern er zieht die Mütze ein bisschen vom Hals weg und steckt sich das Sandwich von unten in den Mund.
   d) Obakeng ruft Doogal und Dumisani zum Fußballspiel und fordert sie auf, den Neuen mitzubringen.
   e) Es stellt sich heraus, dass Tommy ein super Spieler ist, deswegen möchte Obakeng ihn am nächsten Tag in seinem Team haben.
   f) Dumisani und Doogal kündigen Cherise an, dass sie auf dem Nachhauseweg fragen werden, warum er die Mütze trägt.
   g) Auch die Schüler aus den anderen Klassen schauen Tommy neugierig an, sogar die Snobs aus der Sechsten.
3. Doogal mag an Dumisani, dass er witzig (S. 8, Z. 18–20) und unterhaltsam ist (S. 9, Z. 4–6).

K.4

1. a)

M	L	A	G	O	O	D	V	Q	O	L	W	Y	N	O
O	R	H	H	B	Z	H	A	B	B	R	J	N	H	F
K	I	D	D	G	V	Z	A	A	A	M	U	Q	S	S
E	K	D	I	R	G	K	I	S	Y	W	W	F	E	L
T	L	R	H	S	E	Y	M	C	D	I	Q	H	M	N
S	S	V	Z	N	U	X	I	M	H	R	R	F	R	T
I	J	C	G	J	U	Z	H	Z	N	E	D	Y	Y	J
X	X	K	F	Y	J	S	Q	V	O	V	R	I	T	A
C	W	J	T	H	N	A	W	T	S	B	M	I	C	D
K	S	X	T	R	X	R	O	B	L	E	Y	W	S	M
V	Y	E	X	R	C	Q	W	G	L	Q	D	X	N	E
T	C	G	Y	I	D	U	M	I	S	A	N	I	V	Y
G	J	I	X	M	S	D	E	V	K	E	V	S	J	V
O	R	F	G	R	J	L	A	K	P	V	T	K	X	D
N	P	G	T	W	A	X	F	N	G	S	G	G	X	O

   b) Dumisani, Doogal, Cherise, Riyaad, Moketsi und Obakeng

K.5

1. a) (f): Dumisani wartet schon (S. 20, Z. 17/18)
   b) (r): (S. 20, Z. 20/21)
   c) (f): Tommy hat nur »weil« gesagt (S. 21, Z. 13)
   d) (r): (S. 21, Z. 26)
   e) (n)
   f) (f): Sie arbeiten still (S. 22, Z. 21–23)
3. Doo-Dudes und Big Ds

K.9

1. d), h), i), f), b), j), g), c), a), e)
   Lösungswort: Gemeinheit

K.10

1. a) Mr Mosi kommt von dem Wort Mosi-oa-Tunya. Dies ist der ursprüngliche Name für die Victoriawasserfälle. Der Name kommt aus der Sprache der Kololo und bedeutet »donnernder Rauch« (S. 52, Worterklärung am unteren Rand der Seite)
   b) Er wird so genannt, weil er oft weinen muss und rührselig ist.

K.11

2. Doogal: rosa-lila karierter Teewärmer mit Blumen, Dumisani: Soldatensturmhaube, Tommy: blaue Mütze, Obakeng: schwarzer Beanie, X-Man: Nylonstrumpfhose, Johan Eksteen Clayton: Hand- oder Geschirrtuch, Cherise: leuchtrosa Skimütze, Billy de Beer: Halstuch, Donna-Kyle: weiße Sturmhaube